出版人に聞く 10

薔薇十字社とその軌跡

内藤三津子

N a i t o M i t s u k o

論創社

薔薇十字社とその軌跡　目次

第Ⅰ部

第Ⅱ部

第Ⅲ部

第Ⅳ部

薔薇十字社とその軌跡

インタビュー・構成　小田光雄

第Ⅰ部

1　前口上

――今回内藤さんへのインタビューが実現できて、とてもうれしく存じます。その理由がふたつありまして、ひとつはこの「出版人に聞く」シリーズに女性も登場してほしかったこと、ふたつ目はその他ならぬ内藤さんが私たちの世代にとっては画期的で印象に残るリトルマガジン『血と薔薇』の編集者、それから薔薇十字社の経営者であったことです。

今日はいろいろと興味深いお話をうかがえるのではないかと期待しておりますので、よろしくお願いします。

内藤　私は『営業と経営から見た筑摩書房』の菊池さんのように、筋道を立てて論理的に話をすることはできませんし、もう昔のことで忘れてしまったこともあるけれど、こんな機会だから、思い出しながら話してみることにします。

――まず単刀直入にお聞きしますが、内藤さんはどのような経緯で出版の世界に入られたんですか。

2　戦後文芸誌『世代』のこと

内藤　私のところは兄弟姉妹合わせて六人で、そのうちの三人が出版に関わっているんです。それは兄や姉が『世代』の同人たちの仲間だったことが大きく影響している。

――『世代』というと、昭和二十年代に出されたまさに戦後世代の文芸雑誌で、遠藤麟一朗、矢牧一宏、いいだ・もも、日高普、中村稔、吉行淳之介、小川徹などが主たる同人でしたね。やはり『世代』に関わった網代毅がその同人たちと時代を描いた『旧制一高と雑誌「世代」の青春』（福武書店）を出している。

矢牧一宏の遺稿・追悼集として『脱毛の秋』（社会評論社）が出ていて、『世代』関係者が追悼の一文を寄せている。その中に内藤隆子と内藤幸雄という名前がありますが、この二人が兄姉なんでしょうか。

内藤　そうです、兄と姉で、そこには書いていないけど、もう一人の姉は津那子といって、遠藤麟一朗と結婚していました。三人とも亡くなりましたが。

――遠藤はエンリンと呼ばれ、『世代』の初代編集長を務め、その後住友銀行に入り、アラビア石油に移り、クエートに十一年間滞在し、帰国してから五十三歳で早逝した。彼もやはり追悼録として『墓一つづつたまはれと言へ—遺稿と追憶』（青土社）が出されていますね。

内藤　彼が亡くなったのは年齢と同じだから覚えているのだけど、昭和五十三年で、当時は姉とすでに別居していた。この辺の事情はエンリン氏を主人公とする粕谷一希の『世代』のドラマ『二十歳にして心朽ちたり』（新潮社、洋泉社ＭＣ新書）にも書かれていますから。

——あの本に内藤さんが出てくることだけは覚えていますが、そこら辺のことは忘れていました。とにかくそういった事情で、少女時代から出版環境に浸っていたということになる。

内藤　それは姉の隆子の影響で、彼女は医学書の中山書店に入っていた。兄の幸雄は日本鋼管に入り、出版には進まなかったけれど、定年後は旅と読書が中心で、『アレキサンドリア、わが旅』（新潮社）を上梓しています。

——内藤さんご自身はどこから始めたわけですか。

3　玄光社と堀内誠一

内藤　私は大学を卒業して、すぐ北原白秋の甥がやっている玄光社に入りました。

――　いや、それは偶然ですね。私はちょうど戦前のアルスのことを調べていて、この出版社は白秋の弟の北原鉄雄がさらに下の弟の義雄や正雄とともに始めたものですが、その後独立して義雄はアトリエ社、正雄が玄光社を創業している。

内藤　そこまでは知らなかった。当時玄光社は『写真サロン』や『小型映画』といった雑誌を出していて、新たに『コマーシャル・フォト』という雑誌を創刊しようとしていた。そのためにこれまで編集部に女性は一人もいなかったけれど、入れるべきだというこ とになり、それで私が写真・マンガ評論家の伊藤逸平さんのご紹介で入社しました。

――　それは何年ですか。

内藤　私が青山学院の英文科を出たのは一九六〇年だったから、むろんその年です。

――　その頃の青山学院の英文科というのはすごい人気だったと仄聞していますが。

内藤　あの頃の青山はほとんど英文科一辺倒で、かなりの難関だった。それに反して男たちがいく経済学部とか法学部はそんなに難しくなかったんじゃないかしら。
そんなこともあり、また私が初めての女性編集者だったことから、毎日ちやほやされ、とにかく楽しかった。編集長と先輩社員が代わる代わるお酒を飲みに連れていってくれたし、編集の仕事は本当に楽しいと思っていた。ただ玄光社の給料は安かった。

―― でもそこで堀内誠一と出会ったことは大きな収穫だった。それはどんな経緯だったんですか。

内藤 これは堀内さん自身のデザイン史『父の時代・私の時代』（日本エディタースクール出版部、後マガジンハウス）にも書かれているけれども、『コマーシャル・フォト』編集長の玉田顕一郎はアルスの『カメラ』にいて、そこで堀内さんも仕事をしていた。ところがアルスが倒産し、カメラメーカーの千代田光学、後のミノルタのPR誌『ロッコール』の創刊に伴い、編集長に迎えられ、堀内さんもそのデザインの担当になった。でもこのPR誌もカメラ業界の不振で廃刊となり、玉田さんはまたしても堀内さんともども玄光社の『写真サロン』に移り、この雑誌に代わるものとして、二人が季刊誌『コマーシャル・フォト』を企画創刊することになったと聞いています。

―― なるほど、そこに内藤さんが加わり、堀内との天声出版、薔薇十字社、都市出版社とつながっていくコラボレーションが始まるわけなのか。しかし編集も楽しく、いろいろと貴重な出会いもあった玄光社をなぜ辞めてしまうんでしょう。

4 姉と中山書店

内藤 それはさっきいった玄光社の給料が安かったことが原因です。姉の隆子は最近亡くなりましたけど、中山書店の重役で、関連会社の社長まで務め上げ、その当時は確か部長だった。うちは母が女手ひとつで育て、大学までいかせてもらっているということもあって、就職したら家にお金を少し入れなければならないことになっていた。ところが私は安月給だから少額しか入れられなくて、姉は自分ばかりにかかってくると常々怒っていた。

そんな頃、たまたま姉に用事もあって、中山書店を訪ねた。その隣にあるセントルイスという大きな喫茶店で待っていた。そうしたら中山書店の社長と姉が二人できた。それで姉が私を社長に紹介し、こういう出版社にいるといったら、すぐにうちにいらっしゃいとスカウトされてしまった。姉が中に入っているし、私としては断われなかったんですよよね。

――その中山書店は今は白山のほうに移っていますが、神保町にある木造二階建ての汚い建物だったように記憶していますが。

内藤 そう、神保町の中山書店は木造の古ぼけた建物でした。それに比べて玄光社の建物はこぎれいな小ビルだったけれど、給料が安かった。ところがこちらは見かけはパッとしないにしても、圧倒的にお金持ちだったの。

――つまり給料も上がったということですね。

内藤 移った途端に一・五倍の給料になっちゃったわけなの。それに玄光社は残業手当てがつかなかったのに、中山書店ではつくわけですから、いろいろと好条件だった。それに北海道や仙台などへの出張もあって、玄光社とはちがう楽しさも味わえた。ところが私は遅刻をするし、煙草も吸うし、ボーイフレンドから電話はかかってくるしで、それが社長にとっては気にくわず、しょっちゅう呼ばれ叱られていた。

――それに会社に内緒でＰＲ誌『どりあん』もつくっていたんでしょう。

内藤 よく知っているわね。このＰＲ誌のこともあって、中山書店と関係のないところからいつも電話がかかってきていた。それに対しても社長が文句をいうし、私と言い争うようになってしまった。そうしたことが重なり、転職したのに八カ月で辞めてしまった。

5　七曜社でのアルバイト

――それは大体何年ですか。

内藤　玄光社で一年、中山書店で八カ月だから、一九六一年の終わりぐらいですね。それで失業保険をもらってぶらぶらしている時に、矢牧さんが七曜社という出版社を始めていたので、必要に応じてアルバイトに行っていた。

――七曜社とは懐しい。私はちょうど六二年に出た「七曜ミステリー・シリーズ」２の河野典生の『憎悪のかたち』を持っています。七曜社は矢牧さんが立ち上げた最初の出版社ですよね。

内藤　矢牧さんという人は『世代』の中心人物だったし、文学青年でいろんな人脈があった。その一方でお金儲けをしたくてしょうがない人間で、自分はお金儲けができると固く信じていて、そのくせお金儲けがあれぐらい下手な人間はいなかった。そのご当人が最初につくった会社が七曜社なんです。やはり『世代』の仲間で都留さんという人がいて、手伝っていた。「世代」関係でいえば、吉行淳之介さんの『星の降る夜の物語』という本も出しています。

―― 都留さんというのは『脱毛の秋』に書いている都留晃のことですか。

内藤 そう。

―― 『脱毛の秋』に寄せられたその都留の「思い出すままに―わが友矢牧一宏」によれば、経済理論の本を当てこんで二万部も刷ったが、売れず、事務所は返品で埋まり、資金繰りに苦しみ、自転車操業と借金の言い訳の日々だったといいます。都留氏とともに企画した「七曜ミステリーシリーズ」も資金不足で、中絶してしまったようです。

内藤 そのシリーズは都留さんの力によるところが大きく、矢牧は河野典生などと顔は合わせていないと思う。

―― この際ですから昨年河野が亡くなったこともあり、ふれておきますが、七曜社『憎悪のかたち』の他に同時代の河野の著作を持っていて、それらの出版社がとても興味深い。それらを挙げてみると、『殺意という名の家畜』（宝石社、六三年）、『アスファルトの上』『殺人群集』（いずれも光風社、六一年）、『陽光の下、若者は死ぬ』（荒地出版社、六〇年）、『黒い陽の下で』（浪速書房、六一年）、『群青』（早川書房、六三年）となります。

ちょうど内藤さんが編集者生活を始めた時期と平行するように出され、しかもその一冊は矢牧が出しているわけだから、これも六〇年代の当初の書き手と出版の状況を語っているようにも思えます。

内藤　もう少し七曜社の仕事に関わっていれば、そこら辺の感じもつかめたかもしれないけれど、アルバイトといっても不定期の仕事だったから、具体的に一冊の編集と携わったわけではないのよね。でも小川徹の『大きな肉体、小さな精神』は私なりにかなりかかわったものです。

そんなことをしているうちに失業保険が切れてしまうので、誰かに就職を頼まなければならないと思っていた。それで玄光社時代にかわいがってもらっていた写真評論家の重森弘淹さんに相談したのです。

――　堀内たちが編集していた『ロッコール』の常連の批評家で、東京綜合写真専門学校を開設した人物ですね。

内藤　そうです、重森さんももう亡くなりましたけど。その重森さんにどこか紹介して下さいと頼んだところ、世界文化社の本多光夫が自分の友達だから履歴書を持っていってごらんなさいといわれたわけです。

6　新書館入社

――本多光夫は後の諸井薫ですから、わずか二年の間に本当にいろんな人が内藤さんの周りに登場してくる。

内藤　それで本多さんのところにいったら、後でもう一回きてといわれたので、再び夕方に出かけた。そうしたら彼の知人の女性がやっていて、彼が応援していた会社に連れていかれた。それが新書館という出版社でした。新書館を設立した坂本洋子さんはお茶大の心理学を出ていたことから、心理学や児童心理の本ばかりを刊行していた。それだけではじみすぎるので、彼はもう少し企画の幅を広げたいと考えていたのでしょうね。それに、PR誌の仕事が沢山あった。

――すると新書館内に会社というよりも編集プロダクションが同居していたことになりますか。

内藤　それを説明するためには新書館という会社の当時の状況を理解しないといけない。その頃電通に企業のPR誌などを受け持つ印刷事業部があって、大手企業のPR誌を山のように引き受け、それを新書館がかなり受注していた。そこで私は水を得た魚のように働き、ものすごく役に立ったわけよね。私の場合、取材して文章を書き、編集もこなし、かなり何でもやってしまうので、とても重宝がられた。

―― 内藤さんは若干二十五歳、わずか二年の編集生活で、そうしたスキルを身につけていたことになりますね。本当に有能だったんだ。

7 「フォア・レディース」のこと

内藤 そのうちに今年は何かちがう新しい本も出したいといっているうちに、「フォア・レディース」という企画が社長の方から出され、私が担当することになり、トップバッターの寺山修司に電話をかけた。当時、新書館はほとんど名もない小さな出版社でしたから、会ってくれるかどうかわからないと思ってもいた。でもそれは杞憂で、寺山さんは会って下さった。それから様々な道が開けていくわけです。

―― その「フォア・レディース」シリーズのことなんですが、近代ナリコの『本と女の子　おもいでの１９６０―70年代』（河出書房新社）を読んで、あらためてその重要性を教えられました。

内藤　その本のことは宇野亜喜良さんから読んだかといわれ、私はそれで知ったわけです。キンダイと書いて、コダイと読むんですってね。

――　私はこの「出版人に聞く」シリーズに女性の視点からの出版史がぜひ必要だと思っていましたが、近代の本を読んで、女性の読書史も視野に入れなければならないと実感した。そうした視点が欠けていたと切実に反省もしました。

同世代のことでよく考えても、例えば映画史でも男と女はちがっているわけで、我々が「007」「座頭市」「網走番外地」などを見ていた時代に、女性たちは『ウエスト・サイド物語』『サウンド・オブ・ミュージック』を見ていたという明らかな事実があり、本にも棲み分けは当然のように存在する。

内藤　私も映画は多く見ていたけど、確かに「座頭市」などは見なかったな。

――　それでよく考えたら、「フォア・レディース」は大学の生協でも売っていたし、女性が電車の中で読んでいたり、かなりあのシリーズを持っていたんじゃないかという事実に突き当たった。しかもその担当者が内藤さんだったとは驚きだった。

内藤　自分からいうのものなんですが、私はああいったオリジナルな企画を最初に雰囲気をつくり、成功させることが上手なのかもしれない。

――「フォア・レディース」があって、その年少版として集英社の「コバルト文庫」が成立し、『アン・アン』などの雑誌の創刊コンセプトにもつながっていったんじゃないかとも思われます。

内藤 そうかしら。私の感性とぴったり合った著者の寺山修司と表紙と挿絵の宇野亜喜良によって、「フォア・レディース」のきれいなイメージは固まったと考えていますし、実際に売れ行きもよかった。

――そこら辺の内藤さんの感性というのはどこに起源があるのでしょうか。

内藤 私は昔の少女小説を最後に読んだ世代だと思うんですよ、子どもの頃に貸本屋で吉屋信子などの小説を読んだという。『ひまわり』『少女の友』の世代ですしね。ところが一九六〇年代にはそういった少女小説も貸本屋もなくなりつつあった。それでも女の子たちの気持ちの中にはやっぱり少女小説が読みたいという願望が確固として根づいていたのでしょうね。もちろんそれは旧来の少女小説とはちがうもので、それが寺山修司や立原えりかの物語としてうまく女の子たちに浸透していったんじゃないでしょうか。

8　新書館を辞める

――内藤さんが六五年に「フォア・レディース」の初めを作り上げたわけですが、内藤さんが直接手がけたのは最初の七冊だとも聞いていますが。

内藤　そうね、七、八冊かもしれない。寺山修司『ひとりぼっちのあなたに』『さよならの城』『はだしの恋唄』――これは初めだけ――、松尾邦之助『フランスの女流作家たち』、高橋睦郎『愛の教室』、立原えりか『恋する魔女』、小佐井伸二『婚約』、矢川澄子の『最後の夏』もう一、二冊あったかな。他にも企画を進めていたけど、そこでまたトラブって新書館を辞めてしまいました。どうしてそうなってしまうのかしら。

――でも寺山の三冊は宇野亜喜良の装丁ともども「フォア・レディース」のブランドイメージを確立したし、驚くほど版を重ねたロングセラーとなった。またそれらを抜きにして「フォア・レディース」は語れないとされ、二〇〇四年には復刻も出されている。シリーズは最初が肝心ですから、内藤さんは手がけた本は少ないにしても、編集長として見事にその役割を果たしたことになる。

その後「フォア・レディース」は八一年まで続き、百三十一点を刊行しているようですが、内藤さんの跡を引き継いだのが、『本と女の子』のインタビューに出ている白石征なんですね。

内藤　白石さんは寺山修司経由で新書館に入ったの。寺山さんが山野浩一の書いた『X電車で行こう』というのを出してほしいといってきた。寺山さんの紹介に加え、三島由紀夫もほめているというので、社長の許可を得て出版した。

そうしたら山野が白石を連れてきて、就職先がなくて困っているから、新書館に入れてくれないかと頼んできた。それに内藤さんの青学の後輩だからともいって。私は後輩とかいうことにまったく関心はないけれど、社長に会わせた。白石さんは見てくれのいい男だったこともあって、社長に気に入られたか、入社するわけです。

最初は私のアシスタントだったし、一人前の編集者とはいえなかった。ところが私が辞めてしまったものだから、奮起して寺山修司に食らいついた。寺山さんも天井桟敷を始めていたこともあって、お金も必要だし、次々と本を出し、いろんな企画やアイデアを提供してくださったのだと思います。

9 「フォア・レディース」の波紋

――寺山は優れた編集者ですから、それはよくわかります。おそらく著者にしても寺山の紹介もかなりあったでしょうから。

それから青学のことで思い出しましたが、『本と女の子』のインタビューにサンリオの前身である山梨シルクセンター出版部の編集者だった伊藤昭久が出ていて、彼も青学出身だといいます。しかも彼はその後古本屋になり、論創社から『チリ交列伝』（後にちくま文庫）を出している。そしてインタビューの中で、正方形に近い判型のやなせたかし、サトウハチロー、岩谷時子などの詩集は「フォア・レディース」を意識してつくったと語っています。

また伊藤の青学時代の友人の大久保憲一も彼に誘われ入社して、渡辺武信、天沢退二郎、三好豊一郎などの詩集を出している。とりわけ三好の詩集は長方形の箱入り二巻大型本で、よくこのようなものを出したと感嘆するような装丁造本です。この大久保は後に花神社を設立したという。

内藤さんは関心ないかもしれませんが、白石、伊藤、大久保の三氏はほとんど同世代でしょうし、本に対して共通なイメージ造型があったのは青学や渋谷といったトポスも影響しているのでしょうか。どうも神田や早稲田界隈の学生街からは出てこない気がするのですが。

内藤　それは考え過ぎじゃありませんか、単なる偶然でしょう。

――そうかなあ。でも内藤さんが彼らやそれらの本のミューズであったことは間違いないいんじゃないかな。それにクインテッセンス出版から『寺山修司著作集』が出ていますが、この監修は山口昌男と白石で、この企画と出版にも内藤さんの系譜が感じられる。

内藤　私がミューズであったかどうかはわからないけれど、思いがけない波紋が広がっていったことは事実ですね。それは著者や書き手から少しひいきにされたことも大いに作用している。

何という雑誌だったかな、ちょっとタイトルが出てきませんが、その雑誌が「一九六八年」という特集をしたことがあった。そうしたら宇野亜喜良さんがインタビューで私にふれ、「フォア・レディース」を担当した内藤三津子が、新書館を辞めたと思ったら、六八年に今度は『血と薔薇』という雑誌を出した。そういう編集者がいた時代だと語っていた。その特集とインタビューはとても反響があったようで、知らない編集者たちからかなり電話がかかってきたものです。ちょっと私がやったことよりも、内藤三津子という名前のほうが一人歩きして、その後の仕事に際して得をした感もありましたね。

第Ⅱ部

10 『話の特集』に入る

――でも新書館を辞めて、すぐに『血と薔薇』を創刊したわけではないので、その間はどうしていたんですか。

内藤 辞めた後、しばらく遊んでいましたら、宇野さんや寺山さんから電話がかかってきて、どうしているかと聞いてきた。失業保険で暮らしているといったら、今度『話の特集』が復刊するので、行ってみないかという話でした。

――それは初めてうかがう話ですね。『話の特集』も今はもうありませんから、当時の雑誌状況について、ここで少しだけふれておきます。それは『血と薔薇』の創刊時の出版状況でもあるからです。

『話の特集』は六六年二月号をもって創刊され、当時の若手のイラストレーター、写真家、ライターを揃えたリトルマガジンで、その後続く多くのリトルマガジンの元祖ともされている。私も高校生の頃から読んでいて、『血と薔薇』とはまた異なる草森紳一を始めとするライターを知った。ところが『話の特集』は創刊号を七万部刷り、返品が五万五千部で、わずか十号目に発売元の出版社を倒産させ、莫大な借金を抱えてしまう。その四カ月目にスポンサーがついて復刊の運びとなる。だからそれは六七年のことですね。

内藤　そうね、でも私はあまり気乗りしなかった。『話の特集』という雑誌をそれほど好きじゃなかったし、編集長の矢崎泰久の政治的スタンスが私の体質に合わないと思っていましたから。ところが寺山さん、宇野さんの紹介、及び和田誠とか横尾忠則などの関係者のこともあって、行くことになってしまった。

それで行ったところ、編集者は一人もいないといっていい状態で、矢崎さんのガールフレンドみたいなアシスタントの女の子がいるだけだった。だから私がいなかったらどうするのというような状態だった。それなのに給料はその女の子と一緒にされてしまい、新書館でもらっていた金額の七掛けぐらいになってしまった。

それで矢崎さんに給料が安すぎるといったわけ。そうしたら親父の会社で、『若い生活』という雑誌をやっているから、これを見てくれれば、五千円上げるといわれた。雑誌の企画から校了まで著者への原稿料・交通費こみで一冊につき編集費は十万円という、恐るべき条件でした。

11 『若い生活』の編集

――これも少し解説が必要ですので、少し補足しておきます。矢崎の父親は菊池寛の取り巻きの一人で、戦後カストリ雑誌から始まったと考えられるエロ雑誌中心の日本社という出版社を経営していて、『話の特集』はそこを発売所として創刊されたが、『話の特集』の売れ行き不振のために倒産してしまい、再建されたのが日本出版社で、『若い生活』はそこから出ていたと思います。

菊池寛は文芸春秋社で出せない性や犯罪に関する雑誌をダミー的存在にまかせていて、矢崎の父親もその一人だったんじゃないでしょうか。初代はそうだけど、二代目は『話の特集』のような文化的雑誌を手がけたいというよくある出版話ですね。

それと当時のエロ雑誌出版社は一方で『若い生活』のような集団就職などで都市に集まった若い人々を対象とする雑誌も刊行していた。

内藤 確かに『若い生活』は働く青少年向けの雑誌でした。私がかかわる前に出ていたのは本当につまらないものだったので、私が勝手に変えてしまった。寺山修司にお金は払えないのに、座談会の司会をやってもらったり、竹内健に小説を書いてもらったりした。それから黒テントの佐藤信などにも手伝ってもらい、新書館に所属していたデザイナーにイラストを描かせたりしていた。それぞれ謝礼は二千円ほどで、私の給料として矢崎さんからもらった五千円はみんなで飲み食いして使ってしまいました。

それに私も『若い生活』にいろんなペンネームで小説や童話などを書き散らしていたのよ。でもその中にはかなりいい作品もあって、一度中田耕治さんに見せて、これをいつか自費出版するつもりでいますが、出せる代物でしょうかと訊いたことがあった。そうしたらぜひ、出しなさいといわれ、七十五点ぐらいの評価を頂いたことがありました。ところがその『若い生活』が手許にないのよ。何度も引越しているうちになくなってしまった。

――内藤さんが編集したのは何冊ぐらいですか。

内藤　私が担当したのは一年足らずだったから、月刊ということを考えても、十冊ぐらいじゃないかな。でも今になってあの『若い生活』がほしくて仕方がないの。手に入らないかしらね。

――まず、見つからないでしょう。実は『裏窓』を出していた久保書店が同じ頃、同じ編集長で『抒情文芸』という雑誌を創刊していて、ずっと探しているんですが、これもお目にかかったことがない。

内藤　国会図書館にもないし、見つけることも無理ということであれば、わが作品はもう二度と目にすることは難しいというわけね。

――そう考えたほうがいいんじゃないでしょうか。その手の雑誌を見つけるのは至難の技ですから。

12 『話の特集』のスポンサーと矢崎泰久

内藤　それはそうと、今思い出しましたが、スポンサーの三和実業の筋田さんという方が私の仕事を見ていてもう一人の女性との違いを評価してくださり、給料を一万円ぐらい上げてくれたこともありました。

――そうか、邱永漢の前に別のスポンサーがいましたね。

内藤　その大阪の三和実業というスポンサーが手を引いたところで、邱永漢が現われ、新しいスポンサーになった。私が在籍していたのは一月から十二月にかけてだけでしたが、二人のスポンサーを見ています。『話の特集』編集部もセントラルアパートから同じ原宿の表参道の角のところにある邱永漢の事務所に引越した。そして彼のお披露目だったこともあり、六本木の四川飯店でご馳走してくれました。それで、私は今月で辞めることになっているんですが、ご馳走になってもよろしいのですかと尋ねたところ、いいですといわれ、おいしい四川料理を頂き、それを記念にして辞めたことになりました。

――ついでにこれも補足しておきますと、『話の特集』は二年後の七〇年に邱永漢からも離れ、独立して新しい会社「話の特集編集室」をスタートさせた。それから九五年の休刊まで四半世紀にわたって出されていきますが、全盛は短かったように見受けます。辞めた理由をお聞きしたいのですが。

内藤　ひとつには月刊誌ということもあって、『話の特集』が忙しく、『若い生活』もありましたから、こき使われている感が強かったからですね。矢崎さんは原稿依頼を一通り終えると、あとは私に全面的にバトンタッチして、麻雀ばかりやっていたみたいに思えた。そのためやたら忙しかった。

もうひとつは前にもいいましたが、矢崎さんとは、肌が合わなかった。何ていうのかな、要するに価値観がちがう。例えば、矢崎さんがほめた映画は私にはよくなくて、私だったらこちらの映画のほうがいいといった具合で、どうもそういう感じだった。彼の「編集後記」も私にはつまらなかったし、万事が合わない。

―― それに彼はマザーシップの人ではなく、ファザーシップタイプの左翼権力主義者でしょう。ちょっと器はちがうにしても、黒沢明や谷川雁的な。

内藤 そう、まさに左翼権力主義者で、そのくせ正義感を前面に出したりするのよね。本人は権力志向が強いのに、反権力だといったりして。

そんな目で見ている私が相当うっとうしかったこともわかるわ。『血と薔薇』や薔薇十字社時代になってからも、私が新宿の「ナジャ」なんかで飲んでいると、矢崎さんはお酒が飲めないのに誰かと一緒に入ってきて、私を見つけると、「内藤さんは僕のことを嫌いなんでしょう」とかいったつまらない声の掛け方をしてくる。それでこっちも「お酒が飲めればいいのに」とか言い返していたけれど、本当に辟易していたの。

―― 彼は酒飲みを嫌い、飲めない連中を集めた「正義の味方・下戸仮面」なんて座談会を『話の特集』に載せていましたからね。

内藤 でも私にいわせれば、お酒が飲めない人はつまらない。それに矢崎さんは新聞記者出身だから、文章は書けるにしても、それに魅力がないの。

さんとは長く一緒にやれるはずもなかったわけです。

だと思った。それで私は編集長として載せられないと断った。そんなこともあって、矢崎

た。ところが本当に明るく、まったく陰のない作品で、これまた魅力がなく、不思議な人

『若い生活』に自分が学生時代に書いた青春小説を連載してほしいというから、読んでみ

13　天声出版へ

――それで次にいよいよ天声出版に移るわけですが、その経緯と事情をお聞かせ下さい。

内藤　『話の特集』を辞めたのが十二月でしたけど、すでに矢牧さんから誘われていた天声出版に入ることになった。天声出版は当時「呼び屋」として有名だった神彰さんがスポンサーとなり、矢牧さんを副社長として、六七年に設立された。最初は『血と薔薇』をやるなんて夢にも思わなかったわ。とりあえずは給料のことが気になりましたけど、やっぱり『話の特集』と変わらないレベルだった。

新書館ではそれなりに高給だったのだとあらためて実感しました。新書館では編集長と

いう立場もあり、社員では一番高給だったと思います。その後に自分で社長となり、給料を決めることができるようになっても、高給をとったことがなかったから、給料という点では新書館時代がいちばんかしらね。でもそれほど不自由も感じず、よく飲んだり、食べたりはしていた。どうしてそれが可能だったのか、本当に不思議ですね。

――一九六〇年代の出版業界は全体として勢いがあり、そうした恩恵をこうむっていたことがあるんじゃないでしょうか。ちょっとデータを確認しても、六〇年の出版物販売金額は一〇七八億円から七〇年には四三四七億円と四倍、その内訳を見ると、書籍が四六四億円から二二四六億円、雑誌が六一四億円から二一〇一億円と伸びていて、七〇年代の伸びは三倍弱だから、勢いとしては六〇年代が最も活気があったんじゃないかしら。

それと雑誌の創刊も多かったし、何よりも出版業界の大手企業のＰＲ誌の創刊も盛んだった。紀田順一郎がいっていましたけど、自分たちが物書きとして独立した時、ＰＲ誌からの原稿依頼がかなりあり、途切れることがなかったらしい。そういうところは原稿料もいいので、とても有難かったが、今はそれがなくなり、自分たちの時代に比べて物書きの成立は難しいのではないかと。

内藤　本当にそうですね。新書館での高給の内幕は出版のかたわらで、ＰＲ誌をいっぱい受注していたことに尽きるでしょう。

――どんなところのPR誌を作っていたのですか。

内藤　大手ではトヨタとかレナウン、ナイガイ、NEC……三井信託銀行の新聞もやっていました。

――確か草思社も最初はヤマハの広報やPR誌から始まっていたと思います。

14　矢牧一宏の軌跡

内藤　でもそういうことを上手にできた新書館や草思社の経営者とちがって、私も矢牧もそれが下手で、そういう方面はとにかく駄目でしたよ。

――その矢牧の七曜社以後を簡単にたどっておきます。七曜社の倒産に際し、芳賀書店が在庫処理を引き受けた関係、及び芳賀書店が出版を始めていたことから、矢牧は企画編集者として、『田中英光全集』や『原民喜全集』、安岡章太郎『思想音痴の発想』、吉行淳之介『軽薄派の発想』、小川徹『橋の思想を爆破せよ』、寺山修司『書を捨てよ町へ出よう』などを出している。その他にも多くありますが、これは『芳賀書店の歩み』収録の

「芳賀書店の本」を参照してほしいと思います。これを見ると、寺山の『誰か故郷を想はざる』もあって、高校生の頃読んだことを思い出し、これも矢牧による企画だったのかと初めて知りました。

内藤　矢牧は芳賀書店でそれらの他にも寺山の『時代の射手』や『アメリカ地獄めぐり』も出していたことから縁があり、天声出版から『絵本・千一夜物語』を刊行している。これは『話の特集』の連載だったけど、挿絵の宇野亜喜良の好みで、トイレットペーパーみたいな紙をわざと使って、いかがわしい感じにつくりたいという趣向で出したようです。定価も安くした。ところが売れ行きはよくなく、成功しなかったんじゃないかしら。あれは文字通りカラフルな絵本仕立てにすればいいのにと私は思っていました。

どうしてこんなことを覚えているかというと、この本が進行している時に私が入社したからです。それもあって、その後私も寺山さんの『街に戦場あり』をつくりました。

15　神彰のこと

――なるほど、同じ寺山の著書であっても、『絵本・千一夜物語』は芳賀書店、『街に戦場あり』は新書館からの流れの中で出され、前者の場合は『話の特集』からというオチもつくわけですね。

それはともかく話を戻します。矢牧と神彰の関係から天声出版が設立されるのですが、ここら辺の事情は大島幹雄による神の評伝『虚業成れり――「呼び屋」神彰の生涯』（岩波書店）の中で、内藤さんも登場していますので、あらためて語ってもらうよりも、それを引いたほうがいいでしょう。矢牧は神が「呼び屋」として成功する前からの知り合いで、以後も新宿の「風紋」などでよく一緒に飲んでいた。この後に内藤さんの証言が続き、神は矢牧の多くの作家や詩人の人脈と仕事に興味を持ち、芳賀書店にいた矢牧を今なら金があるからと誘い、矢牧も好きなことができるのではないかとその誘いにのり、神がオーナー、矢牧が副社長として、天声出版が設立された。

こんなストーリーですよね、内藤さん。

内藤　大体そうですね。でも実情は神さんも潤沢な資金を持っていたわけではなく、呼び屋の仕事での成功をあてにしていた。それが『血と薔薇』が続けられなかった理由ともなる。

――先ほどの六〇年代の成長する出版業界を見ていて、自分も出版をやり、一山当てたいと考えていた人々がたくさんいて、神もその一人だったんでしょうね。ただ気になるのは社名の天声出版で、これはあの沼正三の『家畜人ヤプー』を連載していた『奇譚クラブ』の版元が大阪の天星社なんです。何か絡みがあるんでしょうか。

内藤　それは私ではわかりません。『家畜人ヤプー』を『血と薔薇』第四号に掲載し、後に出版プロデュースも務めた康芳夫さんにでも聞かないと。私は神さんが天声人語からとってつけたと聞いていています。

16 『血と薔薇』の企画

――やはりそうですか。ではそれは後回しにしまして、『血と薔薇』の創刊に至るまでをうかがわせて下さい。

内藤　『話の特集』は月刊誌だったので、とても忙しかったけど、天声出版の場合、まだ出版点数も少なく、単行本中心で、しかも二カ月に一冊出るくらいなので、私は暇を持てあましていた。それで矢牧に澁澤龍彥の編集による高級なエロティシズムの雑誌を創刊したいともちかけた。彼はすぐに面白いと答えましたが、私の口から神さんに直接いったほうがいいとのことだった。そこで私が直接神さんに掛け合った。すると澁澤さんが引き受けてくれるならば、やってみようということになった。当時、私はかなり神さんに気に入られていたし、頼まれて彼の自伝のゴーストライターも務めたりしていましたから、多少は効果があったんでしょう。

——内藤さんが神の『怪物魂』（KKベストセラーズ）のゴーストライターだとは初めて聞きました。そういえば、もう少し後でこれも康芳夫の『虚業家宣言』（双葉社）という自伝が出ますが、そのゴーストライターは花田清輝だったようです。

内藤　私のほうこそそれは初めて聞きました。

——ところで内藤さんと澁澤の結びつきはどこから始まっているのですか。

内藤　新書館時代に何とか澁澤さんの本も出したいと思い、ある企画でお訪ねしたことが始まりです。それは断わられてしまったけれど、その後『話の特集』の原稿依頼で二、三回お目にかかり、どうしても自分の編集者人生に澁澤龍彥という人物を引き入れたいとずっと熱望していた。

——それで澁澤のところにもすぐに相談に出かけたわけですか。

内藤　その前にいつも遊びにきていた松山俊太郎さんとその友達の種村季弘さんにも根

回しというか、支援を頼み、それから私と矢牧、このお二人と四人で澁澤さんのところに相談にいったのです。

これは澁澤年譜にも記されているので、もう話してもいいでしょうけど、六八年四月に澁澤さんは矢川澄子と協議離婚し、独身となっていた。それもあり、メンバーのことも含めてお伺いしたいと連絡すると、退屈なさっていたか、もしくはお寂しかったのか、楽しみにしているので、ぜひいらっしゃいとのことでした。

それで北鎌倉のお宅にうかがい、それで夜を徹して飲みながら雑誌創刊の話をしたわけです。細かいディテールは忘れてしまいましたが、澁澤龍彥責任編集による『血と薔薇』というエロティシズムをメインとする雑誌をぜひとも創刊したいと提案したところ、澁澤さんの回想の言葉を借りれば、「二つ返事」で引き受けてくださったわけです。

―― アートディレクションの堀内誠一はどのようにして決まったのですか。『血と薔薇』の斬新さは堀内のエディトリアルデザインを抜きにしては語れないと思っていますが。

実は『雑誌づくりの決定的瞬間堀内誠一の仕事』（マガジンハウス）の中に、『血と薔薇』創刊の六八年の澁澤邸での写真が掲載され、そこに内藤さん、澁澤、堀内などの若き日の姿がある。これがその打ち合わせの時のものかとも考えました。

内藤　アートディレクションに関しては周りに宇野亜喜良とか横尾忠則とかすでに有名になっている人たちを知っていましたが、彼らだとイメージが当たり前すぎるのではないかと思い、私は堀内さんを推薦したのです。そうしたら、澁澤さんも彼がいい、実力も一番じゃないかといわれた。私は知らなかったけれど、二人は前から旧知で親しく、それならば好都合とばかり電話すると、堀内さんもそれは面白いとすぐに引き受けてくださった。そして澁澤さんのところではなく、関係者みなさんに簡素な小料理屋に集まっていただき、会議をしました。まず判型が決まり、ああいったものに固まっていったわけです。堀内さんの言葉によれば、澁澤さんも「一度は編集長というのをしてみたかった」と語っていたようです。

17　三島由紀夫の参加

――三島由紀夫が加わったいきさつはどうなんでしょうか。

内藤　編集会議を重ねるうちに、ブレーンとして三島さんも引き入れたいということになり、澁澤さんが直接電話をして、自分が責任編集するので、ぜひ協力してほしいと伝えた。そうしたら、三島さんは協力するけれど、まず「男の死」というグラビアをやりませんかと申し出てくださった。

――それで創刊号の第一特集が「男の死」というグラビアページになったわけですか。確かにあれは鮮烈で、「エロティシズムとは、死まで高められた生の讃美である」とのバタイユの『エロティシズム』の一節が置かれ、三島の「聖セバスチャンの殉教」写真から始まっていた。それが「エロティシズムと残酷の綜合研究誌」のコンセプトをまさに体現していた。

でもグラビア写真も含めて、春に編集会議が始まり、九月に創刊というわずか四、五カ月であれだけの内容のものが編まれたのもすごい話だと思いますが。

内藤 我ながらそう思います。矢牧と私の他にスタッフは編集経験二年ほどの青年と素人に近いアシスタントの女性しかいなかったから、とにかく馬車馬のように働き、猪突猛進の日々でした。でもそれが面白かったから、苦労だと感じなかった。

それは澁澤さんも同様だったんじゃないかしら。『血と薔薇』編集部は赤坂福吉町にあり、澁澤さんはたびたび北鎌倉から出てこられたし、こちらからもしばしば北鎌倉に押しかけたりしていた。澁澤さんも書いていましたけど、編集会議を口実にして連夜のように酒を飲み、六本木、渋谷、新宿などで明け方まで遊んでもいましたね。

――まさに酒と『血と薔薇』と編集の日々を送ったことになる。

内藤　私が編集者として誇れるのは当時は記憶力が抜群だったことです。みんなが飲みながら企画や編集の話をしているけれど、そのうちに酔っ払って何をいったか忘れてしまう。それをメモしたり、記憶しておく。それで翌日になってそれを当人に話すと、テープレコーダー持参で飲んでいるみたいだと重宝された。

――年齢からいっても、内藤さんは三十歳ぐらいで、編集者として油が乗り始めた頃。それは執筆者兼編集ブレインも同じだったんじゃないでしょうか。それこそみんながまだ若く、出版も希望に満ちていた。

内藤　本当にそういう勢いがあったし、そうでなければ、短期間にあれだけ充実した三冊を出すことはできなかったでしょうね。特集の内容は澁澤さんの発想を中心にして始まり、写真や絵は堀内さんの意見を多く取り入れ、そこに松山さん、種村さん、私たちの考えが反映され、膨らんでいった。

それに先ほどの三島さんのアイディア、原稿依頼が始まってからは加藤郁乎さんとか土方巽さんとか、多方面にわたる人々が加わり、そういった華やかさも誌面に活かされていったはずです。

――編集の苦労というのはどうだったんでしょうか。

内藤 そうしていろんな企画を進めていったんですが、澁澤さんも含めてブレインの人たちは雑誌編集のプロではないので、台割り、頁割りの実務は当然のことながら私たち編集部が受け持っていました。でも堀内さんの熱心で多大な協力を得ていたこともあって、それほどの苦労は感じなかった。

それと原稿依頼に際し、天声出版はまったく無名の版元だったけれど、澁澤龍彥責任編集、つまり澁澤さんが頼んでいるんだというニュアンスが強かったこともあり、ほとんど断わられることはなく、その苦労がなかったことも大いなる幸いでした。

18 『血と薔薇』創刊

――オーナーの神からの口出しはなかったのですか。

内藤 まったくなかったですね。刷り上がった創刊号の見本を見せにいくと、いいものができたと喜んでくれたことを覚えています。

―― 創刊号の奥付に編集＝内藤三津子、製作＝矢牧一宏、発行＝神彰と記載されていますから、画家をめざしていたこともあった神にとっても、『血と薔薇』のような雑誌を創刊したことは感慨無量だったんじゃないでしょうか。

内藤 そんな感じを受けましたね。

―― それとグラビアに続く巻頭の「『血と薔薇』宣言」もよかったんだと思いますよ。最初の「宣言」を挙げてみます。

一、本誌『血と薔薇』は、文学にまれ美術にまれ、人間活動としてのエロティシズムの領域に関する一切の事象を偏見なしに正面から取り上げることを目的とした雑誌である。したがって、ここではモラルの見地を一切顧慮せず、アモラルの立場をつらぬくことをもって、この雑誌の基本的な性格とする。

内藤 この「宣言」は創刊に当たって載せるべきだと考え、澁澤さんにお願いしたものです。ところが最初の原稿を読んだ松山さんがもう少し項目を増やしてほしいといったものですから、澁澤さんが書き足してまとまった。それで「宣言」は澁澤さんの名前ではなく、「編集者一同」となっているわけです。

―― なるほど、そういった事情があったのですね。でも近年出版史を調べていてわかったのですけど、この「宣言」によって、それまでアンダーグラウンド的にしてマニア的だったサディズムやマゾヒズムの世界が一挙に反転し、文学や思想における正規の位置を占めるようになったんじゃないでしょうか。もっと後で起きた現象からすれば、サディズムやマゾヒズムもおしゃれなモードになり、澁澤の著作が文庫化され、女性たちにもよく読まれるようになった時代を早くも予兆させている気がします。

内藤 『日本読書新聞』が『血と薔薇』の創刊の噂を聞きつけ、一面で大きく書いてくれて、この「宣言」を全部掲載してくれた。当時は書評紙の力があったから、ものすごく反響があった。広告を出していたことも作用しているけれど。

―― あの頃の『日本読書新聞』は三万部売れていたといいますから、それは効いたでしょうね。

内藤 これをきっかけにして評判になり、週刊誌などの取材が次々と入ってきました。それらのこともあってなのか、発売日に銀座の近藤書店には創刊号を手に入れようとして行列ができたといわれています。ですから創刊号の評判と反響は目を見張るほどでした。

――その際に三島のグラビア写真をめぐるトラブルも生じたと聞いていますが。

内藤　三島さんはそれらの前評判を耳にし、自分のグラビア写真をパブリシティに使わないでくれというので、私もわかりましたと約束した。ところがある週刊誌の記者にこういう三島さんの写真も載ると説明したところ、その密着写真を持ち出され、無断掲載されてしまったのです。澁澤さんのところに三島さんが大変怒っているという電話が入ったというので、私は丁重な詫び状を書き、さらに渋谷の東横ホールで『黒蜥蜴』の舞台稽古に立ち会っていた三島さんにお詫びにうかがい、許していただいたのです。

そんな中でも、創刊に合わせて宣伝用マッチもつくり、いろんな喫茶店やバーに置いたりしてもらった。『血と薔薇』の表紙と金子國義さんの絵をあしらった四角いかたちのマッチで、それも含めて創刊号の仕掛けをいろいろと試みもしたわけです。

――創刊号の部数はどのくらいだったんですか。

内藤　確か一万部だと思いましたが。大変な評判にもなっていたので、一万部は軽くいけるのではないかと思っていました。当時雑誌で千円というのは非常に高価であったけれど、よく売れた。それで二号目は一万五千部ぐらいつくったはずですけど、正確な部数はわかりません。私は製作と販売のほうは矢牧にまかせ、タッチしていませんでしたから。でも創刊号も二号も、結局かなり返品があったことだけは覚えています。

19 『血と薔薇』四号問題

――でもまず創刊号と二号は評判もよく、売れ行きも順調だったと考えてかまいませんね。

内藤 ところが三号目が進行しているあたりから、神さんの資金がなくなり始めていたようで、細かい経費は矢牧が芳賀書店の退職金から立て替えて払うような事態になっていた。そんなこともあって、矢牧と神さんの間にトラブルが生じ、それがこじれ、矢牧は辞めることになってしまった。それなら私も辞めるということで、編集部全員が辞めてしまった。

――それで四号が平岡正明編集となる。

内藤 『血と薔薇』というタイトルは私がつけたものですから、私たちだけで続けたいと思ったのですが、『血と薔薇』のタイトルは天声出版名義で商標登録され、会社の代表権は神さんが持っていたので、私たちは使うことができませんでした。

神さんは康芳夫さんを通して、澁澤さんに責任編集を続けてもらいたいと申し出たようですけど、もちろん澁澤さんは断わった。それでお鉢が平岡さんに回ったのですが、デザインもまったく変わってしまって、結局、その四号だけで廃刊にせざるをえなかった。それまでの執筆者の人たちにはそういった事情を伝えてありましたので、連載原稿はほとんど集まらなかったわけですし。

―― なるほど、そんな経緯のために『家畜人ヤプー』や夢野久作の『少女地獄』が収録され、矢牧に代わって製作＝康芳夫との記載があるわけですね。

内藤　ところがこの四号の印刷が上がった時に天声出版は親会社とともに倒産し、印刷屋で差し押さえられたままになってしまったらしい。

それもあったし、後で澁澤さんが『血と薔薇』はだらだら続けるよりも三号で終わってよかったんじゃないかといわれたことも印象に残っています。もっと続けていたら、澁澤さんにしても私たちにしても、負担が大きくなり、のっぴきならない状況に追いこまれたにちがいないので、あれでちょうどよかったと私も思っています。雑誌の大変さは書籍以上ですから。

第Ⅲ部

20　薔薇十字社設立とその周辺

――それで薔薇十字社を立ち上げることになるわけですね。

内藤　『血と薔薇』でこれだけいろいろな執筆者たちと知り合いになれたのだから、自分で出版社をやりたいと思いました。幸いにして姉が資金を援助してくれたこともあり、薔薇十字社として始めることができた。澁澤さんにこの社名を伝えると、とてもいいといわれ、それで社名が決まり、最初に出した本も澁澤さんのコクトーの翻訳『ポトマック』で、六九年十二月の刊行でした。

――内藤さんの薔薇十字社の立ち上がりとパラレルに『血と薔薇』の関係者たちも新たな出版社を始めている。

矢牧は友人で元暮しの手帖社の伊伕伎英郎と都市出版社を設立し、田村隆一を責任編集とする、詩を中心とする文学・芸術季刊誌『都市』を創刊する。それにプロデューサーとして康も合流し、沼正三の『家畜人ヤプー』を刊行し、その後康は創魂出版を興し、平沢正夫『松下幸之助を裁く』、佐藤誠功『池田大作を裁く』、猪野健治『児玉誉士夫の虚像と実像』といった「偶像破壊シリーズ」を出したりしている。

また平岡正明と一緒に『血と薔薇』四号を編集した田辺肇は白川書院に入り、「神彰の大いなる遺産」も収録されている平岡の『スラップスティック快人伝』を担当している。これらも『血と薔薇』がもたらした様々な出版に関する波紋で、薔薇十字社の存在もそのように機能していったと考えています。

それから私的回想を許してもらいますと、私は『血と薔薇』の創刊時に地方の高校生で、それを書店で見て、ほしいと思いましたが、千円という定価はとても高かったし、買えなかった。ところが大学に入るために上京すると、古本屋で『血と薔薇』の三冊が平積みされ、一冊三百円で売っていた。その事情はまったく知らなかったけれど、三冊買っても一冊分より安いので、喜んで買った。同様に『血と薔薇』を入手した読者も多かったのではないでしょうか。それとちょうど重なるのですが、桃源社から『澁澤龍彦集成』が刊行され始めていて、双方を同時期に集中して読むことができた。しかも桃源社はこれも後に知るのですが、全国出版物卸商業協同組合にも属していたことから、どこの古本屋でも割引値段で売っていた。これは私たちの世代にとって貴重な読書体験だった。

そうした読書体験を私などよりももっと深く受け取めたのは、先頃急逝した二宮隆洋だと思います。彼は京大ですが、私と同じ歳ですので、同じようにして『血と薔薇』や『澁澤龍彥集成』を読み、ヨーロッパのオカルティスムの源流にたどりつき、平凡社に入って『西洋思想大事典』『中世思想原典集成』などを企画編集するに至ります。それに彼も薔薇十字社の本の愛読者だったとも語っています。

すいません、インタビュアーなのに長い発言をしてしまいまして。でも読者に与えた影響を考えますと、私はともかく二宮さんの話は出版に関するダイレクトなエピソードなので、ぜひ話しておくべきだと思いましたので。

21 『血と薔薇』が雑誌に与えた影響

内藤　読者に与えた影響とその波紋もいろいろとありましたが、その後の異端とエロスという分野におけるいくつかの雑誌の創刊は『血と薔薇』の存在がとても大きかったと思っています。それまでエロスといえば、『奇譚クラブ』や『裏窓』といったマニアックな雑誌しかなかったようですから。

ただ澁澤さんにしても三島さんにしても、エロスの問題を書いてほしいとお願いしたわけではなく、読者としてそういうものがあったら面白い、こういうものはどうかしらとお話ししているうちに、すごく反応を示してくださったんですね。

私は編集者として直感的にこれからの文化や芸術はエロスを抜きにしては駄目だと思っていましたが、その方面の知識があったわけではない。ところが話しているうちにわかったことは澁澤さんや三島さんが『奇譚クラブ』を初期の頃から愛読していたという事実です。それには驚きました。三島さんはそれこそ六六年にエロスと死をテーマとする映画『憂国』まで自作自演で撮っていて、これが『血と薔薇』の巻頭グラビア「男の死」につながっているわけです。

―― それまでのアンダーグラウンド的な『奇譚クラブ』のアブノーマルな世界が、内藤さんを触媒として『血と薔薇』のような「綜合研究誌」へと変化したといえるのかもしれません。だから内藤さんはある意味で、またしてもミューズの役を果たしていたんじゃないでしょうか。

それは雑誌においても同様で、『薔薇族』(第二書房)、『えろちか』(三崎書房)、『黒の手帖』(檸檬社)、またさらにグラビアページを多くした各種のSM雑誌などにも影響を与えている。薔薇十字社に団鬼六が創刊した『SMキング』(大洋図書)を献本してきたと聞いてもいます。

内藤　そうでしたか、私は見たことがないですけれど。

――それらの雑誌は『血と薔薇』からですが、薔薇十字社とも併走するようにいくつものリトルマガジンも創刊されていく。それはまた後にうかがうつもりです。

これから薔薇十字社のことに移っていくのですが、その前にひとつお聞きしたいことがありまして、それは取次口座と正味などの問題についてです。天声出版の場合、矢牧さんが担当していたと思いますが、今度は内藤さん自身がそれに直面しなければならなかったと思います。

22　取次の条件

内藤　そうね、私は使われて給料をもらっている分にはそれなりに優秀で、会社には損をさせない人間だったと認識していますが、自分で会社をやってみて本当に計算のできない人間だと痛感しました。

だから自分でもそこら辺の事情に今でも通じているわけではないけれど、思い出してみると、天声出版の頃、矢牧さんから初めて教わったのが取次からの仮払いのことです。

―― 新刊を出すと、取次から翌月に入金される前払いのことですね。

内藤 矢牧さんは七曜社時代から取次とのつき合いを通じ、仮払いという好条件を引き出すことに成功したのだと思います。それで私も天声出版時代につき合いのあった東販の担当者を接待して、仮払いがもらえるように画策した。こちらはゴルフなんかできないのに、ゴルフに呼んだりしてね。

ただ天声出版の仮払いと同様、薔薇十字社も三〇パーセントにしてもらいました。でも、定価は高いにしても、千五百か二千部しかつくっていないから、金額は大したことはない。

―― 正味はどのくらいでしたか。

内藤 確か正味は六八だったと思う。本当は七〇ぐらいにできたらと考えていたけれど、六八が精一杯のところだった。それでもいいほうだったはずなの。

―― 当時は返品歩戻し、注文品支払い保留もなかったから、現在の新規口座開設条件よりもはるかにいい。

内藤 それは後年私が編集プロダクションのNアトリエをやっていた時に知り合った小

出版社などの正味を聞いて実感しましたね。六三とか六四とかそんな正味だった。

――それに返品歩戻し、支払い留保といった条件がついているので、実質的には六掛けと見たほうがいい。

内藤　そのひとつの出版社である矢掛さんの光芒社はどうなっているのかしら。実は私の兄の幸雄がここからも本を出しているんです。兄はその続編を書いていたのですが、本にする間もなくこの六月死んでしまいました。

――光芒社というのは前社名が丸山学芸図書だった。

内藤　そうです、休眠会社だった丸山学芸図書を矢掛さんが買い、光芒社という名前に変えた。彼はかつて「寺子屋」の関係者で、それで吉本隆明さんともつながりがあったと聞いています。

――それで吉本の『匂いを読む』『食べものの話』や『ミシェル・フーコーと「共同幻想論」』が出ていたのか。

内藤　最初光芒社は景気がよかった。はじめはインターネット関係の会社がスポンサーになっていたんです。ところがスポンサーが企画や売れ行きに対して口を出すようになり、内輪揉め状態に陥り、スポンサーから捨てられ、独立せざるを得なくなり、資金に行き詰まり、おかしくなったんじゃないかしら。

——かなり派手な出版活動をしていた四谷ラウンドという出版社もスポンサーがいたようだけど、同じような状況に追いやられ、倒産したと聞いている。それと日本の出版業界は取次や書店を含め、雑誌とコミックにベースを置いているから、書籍で成功すること自体が無理だという基本的前提が否応なく存在する。もちろん『話の特集』のような雑誌の場合も同じで、『面白半分』なんかも倒産してしまった。

内藤　確かに独立した「話の特集編集室」のほうは大変だったようだけれど、『若い生活』を出していた日本出版社は、その後エロ雑誌、ヌード写真集、コミックなどを出して利益を出していたみたいです。

——昔からの出版社だし、正味もいいし、仮払いもあるから、ある程度売れる雑誌やコミックを出していれば、それなりに利益も上がるのでしょうね。

内藤　今みたいに新書館が大きくなったのは、私が辞めてから入った人間が漫画家に人脈があったことで、コミックに進出するようになり、それでうまくいってビルも建ったと聞いています。「フォア・レディース」の「思い出復刻版」の際に、初めてビルになった新書館を訪ねて、たいしたものだと思いました。新書館を辞めてからの我が身のことを考えると尊敬せざるを得ません。

23　薔薇十字社のスタート

――その薔薇十字社のことをこれからお聞かせ頂かないと。結局のところ『血と薔薇』の企画と連載が中途半端に終わってしまったので、それを引き継ぐかたちで薔薇十字社は始まったと考えていいでしょうね。

内藤　そうです、澁澤さんの翻訳『ポトマック』に続いて、堂本正樹さんの『男色演劇史』、種村季弘さんの『吸血鬼幻想』、塚本邦雄さんの『悦楽園園丁辞典』を出しますが、これらは『血と薔薇』に一部連載されていたもので、ぜひ出させてほしいとお願いし、快諾を得て出版しました。

――『男色演劇史』も印象深い一冊で、これまで知らなかった男色についての演劇をめぐる事実やエピソードを教えられ、稲垣足穂とは異なる世界を開いた気がします。でも今になって思い出し、実際に本を手にしてみると、種村の『吸血鬼幻想』が、装丁、造本、内容と圧倒的なイメージで迫ってくる。

内藤 澁澤さんの本のイメージは桃源社の『黒魔術の手帖』『毒薬の手帖』などのいかにもといった構えた感じがあった。でも私はもう少しソフィスティケートされたおしゃれできれいな本をつくりたいと思っていて、それが『吸血鬼幻想』や同じ種村さんの『薔薇十字の魔法』に投影されている。

そのこともあって、あなたがつくる本はデコレーションケーキみたいだ、本をつくっているというよりも、お菓子をつくっているんじゃないかといわれたこともあります。ただ贅沢な本をつくるつもりはなかったけれど、初版は千五百から二千部ですから、当然のことながら定価は高くなってしまう。そうするとペラペラの並製というわけにはいかないので、結果的にああいった函入りの造本になってしまうのですね。

―― もちろん他の本もそうでしょうが、私にとっては『吸血鬼幻想』と『薔薇十字の魔法』がそれを最も感じさせます。前者は野中ユリの装丁で、B５変型判、枡型本といっていいんでしょうが、鮮やかな若草色の函入、図版も五十ページ近くあり、『血と薔薇』の書籍版、後者はA５判ですが、こちらは堀内誠一の装丁で、まさに内藤さんのいうデコレーションケーキのようなイメージが伝わってくる。

内藤 あの種村さんの二冊の装丁は薔薇十字社としても会心の出来だと思っています。

それに加えて『吸血鬼幻想』は評判もよく、書評もたくさん出ましたけれど、まだ出版社の名前が定着していなかったこともあって、重版にこぎつけたのは一年後だったはずです。

―― 私の持っているのはそれで、七一年七月再版発行とあります。

内藤 どうしてそれを覚えているかというと、澁澤さんの『黄金時代』の刊行と重なり、資金繰りが大変だったからです。

―― 私の場合、澁澤は早川書房の『E・Q・M・M』に連載されていた『秘密結社の手帖』を中学生の時に読み、それからカッパブックスの『快楽主義の哲学』も知っていたので、澁澤に関しては予備知識がありました。でもまったく読んだこともなく、知らなかったのが種村で、薔薇十字社のあの二冊によって彼のファンになった。

それと前にいいましたように、『澁澤龍彥集成』のこともあって、私の中で澁澤は桃源社のイメージが強いのですが、種村は薔薇十字社経由で知ったという印象が抜けない。この二冊と相前後して、種村は様々な小出版社からいずれも読み応えのある好著を続けて出し、それらがまたオリジナルな装丁造本で、明らかに薔薇十字社本の影響だと思われました。

24　松山俊太郎の存在

内藤　薔薇十字社の本というと、澁澤さんと種村さんのものまず挙がりますから、やはりお二人の本の印象が強かったのは事実ですね。

でも本は出されなかったけど、当初ブレインとして最も協力してくれたのは松山俊太郎さんでしょう。

――刊行予定になっていたインド古詩の『シュリンガーラ・ティラカ』は出されず、現在に至るまで上梓されていない。

内藤　その代わりに渡辺温の『アンドロギュノスの裔』と『大坪砂男全集』を企画してくれました。あの頃松山さんは毎日のように薔薇十字社に遊びにきていた。それは『血と薔薇』の時もそうだったけれど、薔薇十字社を始めるに際し、もう毎日きてくださらなくてもいいですからといった。それでもいらっしゃるから、結局夜は飲みに行くことになる。それでご本人が悪いと思ったのか、企画をいろいろ出してくださった。その中で私が採用したのが渡辺温と大坪砂男です。

―― それで納得がいく。

内藤 ご存知のようにとにかく松山さんの読書量はものすごい。専門の「はす」に関することだけでなく、文学全般、それも小栗虫太郎などの探偵小説から時代小説まで信じられないくらいいっぱい読んでいるんですもの。

―― 渡辺はポーの翻訳まで入れてくれると完璧でしたが、いい企画で、東京創元社から文庫版が出るまでは古書価もかなり高くなっていましたね。

内藤 『アンドロギュノスの裔』のきっかけは松山さんの、「団長は渡辺温の『可哀相な姉』を知っていますか」という一言だった。私のことを松山さんは「団長」と呼んでいたんです、サーカス団の「団長」と同じですよ。

―― それは言い得て妙ですね。装丁や造本にきらびやかなサーカス団の趣きもあるし、その中身からは異端へとも誘うジンタが聞こえてくるわけですから、まさに薔薇十字サーカス団、その団長が内藤さんだというのは正鵠を射ているんじゃないでしょうか。

内藤 本当にそうかもしれない、今になって思えばね。でも当時、私はまだ三十歳をすぎたばかりだったから、団長といわれてもその貫禄に欠けると思っていた。

それはともかく、飲み屋で松山さんがあのまだるっこしいしゃべり方で、「可哀相な姉」

のストーリーを話してくれたの。その話を聞いて、私は渡辺のことがとても気に入ってしまい、松山さんに本を貸してほしいといったところ、本は持っていないということだった。二人で遺族の方を訪ね、出版の了解は得たのですが、作品は揃っていなかった。それで私は島崎博さんに集めてくれと頼んだ。

25 島崎博と『定本三島由紀夫書誌』

――その島崎さんは後に『定本三島由紀夫書誌』を編み、『幻影城』を創刊することになる。

内藤 そう、その島崎さんです。島崎さんといつ知り合ったのか、よく思い出せないのですが、のちに古本屋の扶桑書房をつくる東原さんを通じてだったのではないかしら。

――本多正一編『幻影城の時代完全版』（講談社）によれば、島崎は東原と七〇年から一緒に新宿の文学堂でアルバイトし、七二年に共同で扶桑書房を神保町に開業しているので、その開業以前に出会っていることになりますね。でも翌年に扶桑書房は解散し、島崎は白山に風林書房を立ち上げ、東原は後に同じ屋号の扶桑書房を開いている。また同書では、『アンドロギュノスの裔』と『大坪砂男全集』、『定本三島由紀夫書誌』だけでなく、久生十蘭の『紀ノ上一族』や『黄金遁走曲』の資料提供も島崎によるものとされています。

内藤　『アンドロギュノスの裔』が七〇年、『定本三島由紀夫書誌』『大坪砂男全集』がいずれも七二年、『紀ノ上一族』『黄金遁走曲』が七三年だから、その間に島崎さんはずっと古本に関わりながらも、いろいろと立場を変えてきたこともあり、記憶が曖昧になってしまったかもしれません。

でも『定本三島由紀夫書誌』のことははっきり覚えています。それには三島さんの死とあの『男の死』の写真集の企画が重なっているからで、何としても忘れられない。

――出たのは三島の死後の七二年ですが、生前から進められていたわけですね。

内藤　三島由紀夫の書誌を提案してきたのは島崎さんなの。島崎さんは保谷のほうに住んでいて、何か貸してもらうために出かけていったことがあるんですよ。その保谷の喫茶店で話していたら、島崎さんが三島由紀夫の作品の書誌ならできるというわけです。いい加減なものではなく、本格的なものが本当にできるのかと確認した上で、三島さんに相談してみる気になった。当時池袋の西武百貨店で三島由紀夫展をやっていて、そこに三島さんがくる日を小耳にはさんでいた。それで会場でお目にかかった三島さんにビブリオグラフィをつくらせて頂けないかと頼んだところ、ものすごく喜んでくださった。
それが十月末か十一月の初めでしたが、三島さんは時間がないから三日にうちに来て下さいといわれた。私は書誌作成は島崎さんという人で、島崎さんのことも話した。そうしたら、三島さんは、はい、わかりました。三日の十一時に自宅にきて下さいととんとん拍子に話が進んだわけです。

―― 三島が市ヶ谷で自決するのは十一月二十五日（一九七〇年）だから、本当に時間がなかったことになる。

内藤 そうなんです。こちらはまさか三島さんが二十二日後に自決するなんて思ってもいません。
それで島崎さんを連れて三島さんの家にいった。書誌には蔵書目録も入れるので、その作成のためには三島さんの書庫に何日も入らなければならないし、それには奥さまの協力が必要で、それはＯＫが出た。ところが島崎さんのしゃべり方はぱちんぱちんはじけるような感じで、怒っているわけではないけれど、ちょっと怒っているように聞こえてしまうのね。そんなしゃべり方だと三島夫人との会話に支障をきたすと思って、初めは私がずっと一緒についていきました。それから島崎さんがしゃべらなくてすむような時間帯になると、私は帰ってくる、そんなローテーションでやり始めていた。

もちろんはじめのうちは三島さんが死ぬなんて想像もしていなかった。

26　未刊に終わった写真集『男の死』

――その仕事より以前に写真集『男の死』を進められていたと聞いていますが。

内藤　篠山紀信さんと『男の死』のための三島さんの写真をずっと撮ってきていました。それを出すことに三島さんはものすごく執着していたので、契約書まで交わしたいといわれたのよ。ちょうど亡くなる一週間前に、六本木の寿司屋で早い夕食をご馳走になった。その時に私がタイプした契約書を持っていったのです。そのとき三島さんは、僕は今までこういうふうに出版社に頼んだことはないけれど、必ず出してもらいたいからですといってらした。

ちょうどその日は谷崎賞の授賞式か何かがあって、三島さんはこれから中央公論社だか帝国ホテルだかにいかなければならないが、内藤さんもご一緒しませんかと誘われたの。

でもその時私は授賞式なんかにいくような服を着ていなかったこともあって、今日はこんな格好なのでご辞退しますといってしまった。いけばよかったのに、まさかそれが最後になるとは思ってもみなかったから。

その一週間後にたまたま自宅からタクシーで高速に乗り、会社に着いたら、三島さんが死んだというので大騒ぎになっていた。母からも電話が入り、どうやら三島さんの首が落ちているというし、とにかく腰がぬけるほど驚きました。

——まさに『男の死』が現実化してしまったことになる。

内藤　これは編集者として不謹慎でもないし、三島さんにも強く頼まれていたことなので、『男の死』は出さなければならないと思ったのですけれどね……。

——売れるとも思いましたよね。

内藤　それはもちろんです。ところが三島夫人から篠山さんのところに電話が入り、当分の間出さないでほしいと内藤さんに伝えてほしいということだった。それで篠山さんと私もどうしよう、どうしましょうかといったりしていたけど、「当分」ということから一年ぐらい待てば何とか出せるんじゃないかと考えていた。

でもとりあえずは始めてしまった書誌を完成させなければならないし、そのためには三島夫人の要望に背くわけにはいかない。

――しかしかえって無理矢理でも出してしまったほうが三島の追悼となり、彼の願いをかなえたことになったかもしれませんね。

内藤 それは私も何度も考えました。もし書誌を手がけていなければと。だから書誌ができ上がった段階で、どうするべきかをあらためて検討しようと思っていた。契約書が三島さんの遺言だと確信していたし。

――それで七二年の目録の「続刊予告」に三島由紀夫他『写真集＝男の死』が掲載されていたわけですね。

内藤 そうです。ところがその『定本三島由紀夫書誌』が出たのが七二年一月で、三島さんの事件から一年以上経っていた。そのことに加えて、薔薇十字社の経営状態が自転車操業になってしまっていた。

――『定本三島由紀夫書誌』は売れなかったのですか。

内藤 これはね、まあまあ売れたと思います。新潮社が三十冊買ったという話を聞きました。要するにこれから編まなければならない『三島由紀夫全集』のための布石、基礎資料にしたんじゃないかしら。そういう意味では島崎さんも私も、ずいぶん新潮社の最初の

『三島由紀夫全集』には貢献しているはずですよ。
でも売れたといっても、一年近くにわたる仕事で経費もかかり、大冊だから製作費も同様だし、重版したわけでもないので、苦しい資金繰りが楽にはならなかった。それよりも貧乏出版社なのによくこの仕事をやりとげたという思いのほうが強かった。ところで、この書誌の校正をフリーでやって下さっていたのが、今度、芥川賞を授賞された黒田夏子さんなんですよ。

27 『幻影城』、三崎書房、絃映社

―― でも前述の『幻影城の時代完全版』所収の「薔薇十字社と島崎さん」で、内藤さんは薔薇十字社にお金があり、健在であったら、島崎さんを編集長とする『幻影城』を発行していたかもしれないと語っています。だからもし『男の死』を出してベストセラーになり、資金に余裕ができ、会社も大きくなっていれば、きっと『幻影城』を引き受けていたんじゃないでしょうか。

内藤 その可能性は大いにありますね。でも薔薇十字社の倒産が七三年で、『幻影城』

の創刊が七五年だから、間に合わなかったことが幸いだったのかもしれません。

―― これはちょっと脇道にそれるのですが、『血と薔薇』から始まるエロスと異端関連のリトルマガジンの創刊に林宗宏という人が絡んでいて、それは『幻影城』も例外ではないし、ここで少しふれておきたいと思います。

内藤 林さんというのは昔の三崎書房の人かしら。そこの『えろちか』は『血と薔薇』の後に出ている。

―― そうです。今は心交社の経営者です。これは遅れているためにまだ出ていませんが、この「出版人に聞く」シリーズの一冊として、鈴木宏の『書肆風の薔薇から水声社へ』があります。彼は国書刊行会で『世界幻想文学大系』を手がけていて、そのきっかけは友人が林の三崎書房から出していた『えろちか』の仕事を手伝っていたことから始まっている。そういえば、書肆風の薔薇も社名からいえば、薔薇ということで共通していますね。

その三崎書房は紀田順一郎と荒俣宏による幻想怪奇文学研究誌『幻想と怪奇』の発売元だった。発行所は歳月社とありますが、これはスポンサーの印刷所を意味しているようです。その七三年三号が手元にあり、それには薔薇十字社の広告も掲載されている。

内藤　私はまったく覚えていません。

――　そうですか、『怪奇と幻想』は三号雑誌で終わったようですが、その後林夫人が紘映社という出版社を立ち上げ、そこが『幻影城』の発売元になるわけです。紘映社は異端文化総合文芸誌『地球ロマン』も発行している。『えろちか』はエロス、これらは異端の系列に属するリトルマガジンと考えていいですから、これらも『血と薔薇』と薔薇十字社の影響を感じることができるし、七〇年代前半の雑誌状況の一端なので、その簡略な見取図を示しておくべきだと思い、言及してみました。

こちらは別の出版の物語であるけれども、薔薇十字社の動向とパラレルで、しかも薔薇十字社と三崎書房は金融を通じて抜き差しならぬ関係に陥っていた。

そうですよね、内藤さん。

内藤　あんまり思い出したくないけれど、そうなのです。

28　澁澤龍彦『黄金時代』

――　それは薔薇十字社の最後のところで語って頂くことにして、もう少し本のことを続けてみたいと思います。

内藤さんは『血と薔薇』と薔薇十字社の関係において、澁澤の存在が最も突出していて、彼の『黄金時代』に最も愛着があるようで、『澁澤龍彦スペシャルⅠシブサワ・クロニクル』（『別冊幻想文学』）所収の「華やかな宴の日々」などの回想でもそのように語っておられる。それに『黄金時代』はよく売れ、すぐに重版になったと聞いていますが。

内藤　『黄金時代』に愛着があるのはいろいろなことが重なっているからです。まず装丁ですが、その前に出した澁澤さんの翻訳の『ポトマック』や『ひとさらい』は堀内さんの装丁だった。それはそれで何の問題もなかったのですけど、『黄金時代』は、できれば著者自装にしたいと澁澤さんがいわれたわけです。自装といっても表紙はこんな色、文字はこんな感じでとの指定だけだから、こちらがデザイナーの勝川浩司のフォローで仕上げたということになります。でも澁澤さんはそれらのプロセスをとても楽しんでおられたように見えました。

そうして出した『黄金時代』が『朝日新聞』の「文芸時評」に取り上げられた。当時は石川淳が担当されていて、夕刊の上下二回だったんですが、その二回ともが『黄金時代』のみを論じるという異例の「文芸時評」だったの。それで注文がかなり入ってきたので、ここぞとばかり重版した。ところが重版した分だけ残ってしまった。宣伝効果は抜群だったはずなのに不思議なものですね。

29 塚本邦雄『悦楽園園丁辞典』

――私の場合、澁澤は桃源社の『集成』を読みつつあった時期で、読んでいたはずなのに『黄金時代』に関しての記憶はあまり残っていないのです。その代わりに種村の本とは異なる意味で愛読したのが塚本邦雄の『悦楽園園丁辞典』です。塚本は誰が『血と薔薇』に書かせたのですか。

内藤 塚本邦雄はむろん澁澤さんですね。

――そうだったんですか、私は三島由紀夫ではないかと思っていました。

内藤 三島さんは誰かに書かせたらというようなことはしなかった。むしろビジュアルに関心があって、グラビアをつくりなさいよ、自分がモデルになってもいいからと。それで「男の死」というグラビアが実現するわけです。

澁澤さんは塚本さんを評価していらしたけれどはじめは、中井英夫さんと二人で何かやってもらったらどうかと言われた。それで、中井さんに私が会いに行きましたが、中井さんは塚本さん一人でとおっしゃって、あのページが出来たんです。

——澁澤と塚本の接点からいえば、そう考えるのが妥当かもしれませんね。私が注目したのは『悦楽園園丁辞典』が単行本化されることによって収録された「反歌を伴う瞬篇小説集」のほうで、こういう短編の書き方があるのか、それがどうやら塚本の短歌と相通ずるものではないかと考え、これを機会に塚本の歌集に親しんでいくことになった。ちなみにあの横山明の装丁、種村の帯文もすばらしかったし、さらに私事も付け加えますと、私の長男は桐人というんですが、「瞬篇小説集」の最初の作品「酢」からとっています。

内藤　それはうれしい。薔薇十字社もとっくに消えてしまい、塚本さんも死んでしまったけど、本の波紋が実際に残っていることは何よりですもの。

——それらに絡んで、またしても私的回想になりますが、その頃友人がゴールデン街に「黄金時代（ゴールデン・エイジ）」という店を出した。これは澁澤の書名に由来しているはずで、私の友人はほどなく他の人に店を譲ってしまいましたが、その後店はかなり続いていたはずです。内藤さんは行かれたことがありますか。

内藤　名前は聞いたことがあるけれど、その後ゴールデンがとれて「エイジ」だけになったのじゃないですか？　そこならよく行っていました。

――またその頃ですが、薔薇十字社に勤めていた川口秀彦さんと知り合っている。今回の内藤さんへのインタビューは彼に頼んで設定してもらった。川口さんはその後古本屋になり、神田神保町でりぶる・りべろを営んでいて、吉祥寺に店舗があったころ「薔薇十字社全刊行書目一覧」を編んでいますので、これを本書の巻末に掲載します。

内藤　川口さんの話だと、彼だけでなく、薔薇十字社の関係者で古本屋になった人はほかにもいるようですね。

――私も事前に川口さんによる薔薇十字社社員リストを見せてもらいましたが、彼が挙げただけでも十二人になりました。

内藤　薔薇十字社は足かけ四年続きましたけど、人の出入りはかなりあり、松山さんのような外部ブレインとスタッフ的な人たちを含めたら、相当な人数になるでしょうね。

第Ⅳ部

30　都市出版社との関係

――都市出版社の矢牧さんが合流するのは七二年で、それでデイヴィッド・バーガミニの『天皇の陰謀』（いいだ・もも訳）などが出されていくことになる。

内藤　矢牧さんの都市出版社が組合問題がきっかけになってつぶれてしまった。それで薔薇十字社のほうにやりかけの企画を持ってきたんです。もちろん『天皇の陰謀』もその一冊です。

――薔薇十字社に関しては澁澤との関係もあり、いろいろと言及され、内藤さんもいくつかのインタビューで語られていますので、かなりよく知られていると思います。ところが都市出版社については『脱毛の秋』所収の佐々克明「回想の都市出版社」ぐらいしかなく、淋しい気がします。そこで矢牧と都市出版社を追悼する意味もこめて、いくつか内藤さんにお聞きしたい。それは主として『都市』と『家畜人ヤプー』に関してですが、『都市』は『血と薔薇』と同様に、出版史に位置づけたいと考えているからです。

内藤　それはとてもありがたいことですね。『血と薔薇』だけでなく、『都市』も評価されてしかるべき雑誌だったと思いますから。

――それに最近国書刊行会から横尾忠則編『憂魂、高倉健』という写真集が出ましたが、これは七一年に都市出版社から刊行されたものの復刻で、時代状況から考えても、薔薇十字社の未刊に終わった写真集『男の死』といった位置づけを与えたくなる。『憂魂、高倉健』もほとんど書店に並ぶことがなかった幻の写真集だと伝えられていますし。

内藤「回想の都市出版社」にも書かれていますけど、佐々さんは矢牧さんの旧制成蹊高校の同窓生で、当時、朝日新聞名古屋本社に勤めていて、資本金百万円の都市出版社に出資した株主の一人でした。社長を務めた伊伕伎英郎は麹町小学校での同級生。彼は暮しの手帖社を辞めたばかりだった。この人は矢牧さんよりも早く亡くなったはずです。

――それで『都市』から『家畜人ヤプー』まで、奥付に製作・矢牧一宏、発行・伊伕伎英郎となっているわけですね。

内藤 先ほど都市出版社は組合問題がきっかけでつぶれてしまったといいましたけど、すべての事情に通じているわけではありませんので、同じく『脱毛の秋』所収の中村邦生「黄昏の酩酊―都市出版社の頃―」が参考になると思います。

31　詩を中心とする文学・芸術季刊誌『都市』

――確かにそれはいえます。この中村は都市出版社の社員で、「ある日突然消滅した会社に取り残された」一人だったようで、矢牧と都市出版社の実態と最後の状態、矢牧の経営者兼編集者の生活がレポートされている。それに内藤さんのことも出てくるし、またここでしか出てこない都市出版社の編集と営業のメンバーの名前も挙げられている。ただ残念なのは雑誌『都市』に関する言及がまったくないことです。

『血と薔薇』の創刊が六八年、『都市』の創刊はちょうどほぼ一年後の六九年で、『血と薔薇』が内藤さんの編集人脈とそのコンセプトであったことに対し、『都市』は矢牧自身の雑誌プランの実現だと考えていいと思います。もちろん両者のグラビア構成は堀内誠一が担当しているし、表紙や本文カットは野中ユリ、執筆者も塚本邦雄、種村季弘、加藤郁乎、松山俊太郎などは共通している。

内藤　もちろん決定的にちがうのは『血と薔薇』が「エロティシズムと残酷の綜合研究誌」で、『都市』が「詩を中心とする文学・芸術季刊誌」であったということ。

――それは矢牧の『世代』に属していた詩人たち、もしくは田村隆一に関係する「荒地」の詩人たちとも大いに絡んでいる。

内藤　もちろんそうです。それで『血と薔薇』の澁澤とそのエコールの代わりに、『都市』は田村隆一編集、「荒地」に連なる詩人たちが加わるということになるわけです。

――デザイナーを共通とする両誌は『血と薔薇』が重箱判で実質的に三冊、『都市』がA5変型判で別冊以外に四冊出ていて、別のリトルマガジンだけれど、六〇年代末から七〇年代初頭にかけて、その判型と厚さ、ビジュアルな造本もあって、他の雑誌とは一線を画する位置を占めていたとあらためて確認できるし、つながっている。そしてそれが次の出帆社へと結びついていったように思われます。

私にとって『都市』で最も印象深かったのは創刊号に地図と写真入りで掲載された吉本隆明の「都市はなぜ都市であるか―都市にのこる民家覚え書」（後に『詩的乾坤』所収、国文社）でしたね。今になって考えれば、これも田村隆一や鮎川信夫が編集に関わっていたからで、第二号では吉本も含め三人の詩が冒頭に置かれている。

32 『家畜人ヤプー』事件とベストセラー化

内藤 『都市』については都市出版社と矢牧さんの固有のものなので、私の発言は差し控えたほうがいい思います。

でもひとつだけふれておきたいことは『家畜人ヤプー』がもたらした波紋とその処理に関してです。

――『家畜人ヤプー』がベストセラーになって、天皇制や人種問題に関連して右翼の怒りをかい、都市出版社が襲われた事件のことですか。

内藤 ええ、そうです。この問題をめぐって、都市出版社内で意見が対立してしまった。伊佚伎と田村隆一は右翼の『家畜人ヤプー』の絶版要求を受け入れようとしたけれど、矢牧さんは右翼の脅迫に屈したら、これから文学や芸術に携わる出版人としてやっていけないし、汚点になると考えた。それで伊佚伎さんは社長を辞め、田村さんも編集長の座を降り、矢牧さんが都市出版社を一人で背負うことになってしまったのです。

――それで七一年に出された『都市』の「別冊」の奥付から伊佚伎や田村の名前が消

え、矢牧の名前だけになっているわけですね。

内藤　その一方で、右翼の襲撃がマスコミで大きく報道され、『家畜人ヤプー』の出版プロデュースに関係していた康芳夫の宣伝戦略も相乗し、『家畜人ヤプー』の売れ行きに拍車がかかり、重版に次ぐ重版で、十万部を超えたとか聞いています。

――そのプロパガンダに関して、康は自伝『虚人魁人康芳夫』（学研）の中で、「仕掛人」として語っている。

内藤　そうしてヤプーブームが起き、都市出版社には思わぬ大金が入ってきた。矢牧さんにしてみれば、初めてつかんだ大金であり、これまで縁がなかった銀座の高級クラブに取り巻きをつれて行ったり、次から次へと企画を立ててそれを使ってしまったわけですね。自分が社長になっていたので止める人もいないし。

――小出版社がベストセラーを出すと、その後があぶなくなって倒産してしまうという典型的パターンを都市出版社もたどったことになる。

内藤　返品もすごかったようですし。

――そうでしょうね。十万部出しても三割返品が戻れば、三万部ということになるから、正味の利益はそんなに見こめない。でも返品がまだ生じなくて注文が続き、売れている間は翌月に取次からの注文口座入金が驚くほどあるわけですから、やっぱり上ずってしまう。それは矢牧さんにしても例外ではなかった。

内藤　私だってそうなるでしょうね。

33　『家畜人ヤプー』の作者

――同感です。でも内藤さんも私も残念なことにそのような体験がない。

それらはのことはともかく、私は内藤さんにうかがって確かめておきたいことがあります。それは『家畜人ヤプー』の作者のことで、この小説については天声出版の『血と薔薇』、都市出版社とずっと引き継がれ、内藤さんもかなり深く関わってきたと思われるからです。

しかも作者は『世代』と関係する人物だともいわれ、その主人公の名前は内藤さんの義兄に当たる遠藤麟一朗を想起させる瀬部麟一郎となっている。

内藤　やっぱり気がついたのね。前にも話しましたけど、エンリンは『世代』だけでなく、あの時代の青年たちの象徴的にして代表的な人物でもあったことから、作者が主人公の名前に選んだのではないかと思っています。
――そのことにふれる前に、澁澤や幻想文学に関連して『日本幻想作家名鑑』〈幻想文学出版局〉所収の『家畜人ヤプー』の解題を引いておきます。八〇年代までは角川文庫に収録されていました。

〔家畜人ヤプー〕長篇小説。七〇年都市出版社刊。日本人留学生・瀬部麟一郎と婚約者の白人娘クララは、不時着した円盤に乗せられイース星へと連れ去られる。そこは徹底した白人女権専制社会で、黄色人種はヤプーと呼ばれ、家畜として、あるいはインテリアの材料などに利用される存在にすぎない。麟一郎はヤプーとして、クララはイース星人の一員として身体改造を施され、強制的にこの異世界に順応させられてゆくのだった。作者は本書を序論にあたる部分で中絶したと語っているが、そこに盛り込まれた膨大なペダントリーと奇想の数々には瞠目すべきものがある。マゾヒズムが支配する逆ユートピアを描いて〈戦後最大の奇書〉とも称された大作。

私が要約してもよかったのですが、主観的記述に片寄ってしまってはいけないので、この解題を引きました。ただ意外に見つからず、この『日本幻想作家名鑑』にしか立項されていませんでした。

この『家畜人ヤプー』は、『奇譚クラブ』に一九五六年から五九年にかけて断続連載されたもので、『奇譚クラブ』の愛読者だった三島由紀夫や澁澤龍彥がいち早く注目していたマゾヒズム小説とされています。内藤さんも三島や澁澤を通じて知ったのでしょうか。

34　三島由紀夫と『家畜人ヤプー』

内藤　最初は三島さんです。三島さんは『家畜人ヤプー』を世に出したくて、中央公論社に持ちこんだりしていたと聞いています。でもそれは実現しなかった。その関係で作者の沼正三の代理人と称する天野哲夫とも知り合っていたと思います。『奇譚クラブ』は出され続けていましたが、『家畜人ヤプー』が単行本化されることはなかったので、私だけでなく、周辺の編集者たちにそのことを勧めていたんじゃないかしら。

――天野が「三島由紀夫と『家畜人ヤプー』」（『異嗜食的作家論』所収、芳賀書店）で書いていることからすれば、『奇譚クラブ』の元編集長で、当時は『裏窓』の編集長だった須磨利之の仲介で、三島との面識を得たといわれている。

内藤 そういった経緯はいろいろと伝えられていますけど、その頃天野さんという人は新潮社の校閲部にいることが知られるようになっていました。それで私は三島さんからの助言もあって、澁澤さんとも相談し、『血と薔薇』に掲載できないかと考え、連絡をとり、ホテルニュージャパンで天野さんに会った。

―― それは『脱毛の秋』所収の天野の追悼文「『家畜人ヤプー』から」にも出てきますね。

内藤 それで天野さんの了承を得て、『血と薔薇』に『家畜人ヤプー』を掲載する手筈を整え、これは雑誌の新たな話題になると期待もしていたんです。ところが何度もお話ししているように私たちの『血と薔薇』は三号で終わってしまった。それで四号は平岡正明編集、康芳夫製作という組み合わせで、しかもそれまでの執筆者たちはほとんど書くことを止め、連載も中断となる。そのために『家畜人ヤプー』を目玉とするマゾヒズム特集が組まれるわけです。私たちはそれまでの執筆者の皆さんに経緯を全部伝えてあったので、澁澤さんを始めとして執筆を断わった。

天野さんと『家畜人ヤプー』の件は、われわれが辞めてからは四号のために康さんが交渉して掲載にこぎつけた。それが簡略な『血と薔薇』と『家畜人ヤプー』の関係ですね。

——なるほど、その流れが矢牧の都市出版社に引き継がれ、七〇年の『家畜人ヤプー』の出版へと結びついていく。それから『家畜人ヤプー』のベストセラー化の産物だとも考えられる『ある夢想家の手帖から』が七〇年末から翌年にかけて三冊出される。これは沼が『家畜人ヤプー』連載に先立ち、あるいはパラレルに『奇譚クラブ』に寄せたもので、マゾヒストが記した特異な文章群と見なすことができるし、『奇譚クラブ』というマニア雑誌の性格の一端を如実に物語っている。

35 沼正三と天野哲夫

内藤 私は天野さんの行状にも辟易するところがありましたけど、『ある夢想家の手帖から』にもお手上げでしたね。

——それはそうでしょう。だって内藤さんは前にもいわれましたように、サディズムやマゾヒズムでもデコレーションケーキとして提出したいのに、『家畜人ヤプー』や『ある夢想家の手帖から』になると、マニアック極まれりという感じで、とても手に負えない気がするし、沼正三は三島や澁澤ともまったく異なる王国の住人だとわかる。

内藤　それは矢牧さんもよく自覚していたでしょうし、だから『家畜人ヤプー』はともかく、『ある夢想家の手帖から』もその後出帆社にも持ちこまれなかったと思います。『家畜人ヤプー』にしてもそもそもは、どうしても出さなければという編集者の思いこみからではなく、徳間書店での出版が流れてしまったために、都市出版社に持ち込まれた事情もあると聞いています。

――それに「康芳夫が語る夜の紳士録」（『ＢＵＢＫＡ時代』第４号所収、２００７年）というインタビューによれば、彼のルートで『家畜人ヤプー』は角川春樹によって文庫化され、それから太田出版の三巻本、幻冬舎文庫へと移ったようで、康芳夫が『家畜人ヤプー』の出版プロデューサーだと考えられる。しかしずっと気になるのは作者のことに尽きます。

代理人の天野と沼の文章を比べると、その文章、語学力、教養などからして、二人がまったく別人であることは歴然です。それなのに前掲の『日本幻想作家名鑑』でも沼正三＝天野哲夫となっているし、九九年の『わが汚辱の世界』（毎日新聞社）などでも『家畜人ヤプー』の著者とされている。

内藤　それは『都市』の「別冊」が「沼正三―マゾヒズム」特集で、単行本の続きにあたる「続・家畜人ヤプー」が別人によって書かれたのではないかという疑問とつながります。つまりこちらは天野さんではないかと。でも八二年に森下小太郎の「『家畜人ヤプー』の覆面作家は東京高裁・倉田卓次判事」が『諸君！』十一月号に掲載されたことを受けて、天野さんが自分は代理人ではなく、本人であると表明したことによっているのでしょう。結局のところ、この表明で沼正三＝天野哲夫が定着してしまった。

――そこなんですが、『家畜人ヤプー』は太田出版の三巻本からリライトが施され、小説として読みやすくなり、小説的にリフレッシュした感があるわけですが、どうも都市出版社版が秘めていたマゾヒズム的オブセッションが失われてしまった印象を与える。だから天野とは断定できないけれど、別人によって完結を見たのではないかと思われてしまう。

36　森下小太郎と倉田卓次

内藤　だから都市出版社版の沼正三は『諸君！』の森下小太郎が明らかにしてしまった

ように、倉田卓次だと考えていいのではないでしょうか。

―― ではやはり森下文に出てくる「Nさん」は内藤さんなんですね。

内藤 ええ、そうよ。今さら否定することもできませんし。

―― それでは森下文に見える「Nさん」証言の部分を引いてみます。

今年に入ってから、Nさんに倉田卓次氏のことを話す機会があった。Nさんというのは、『血と薔薇』に関係していた人物である。

そのNさんの口から、かくも重大な証言が得られるとは思いもよらなかった。

「倉田卓次さん？　倉田さんなら、私の義兄にあたる遠藤麟一朗の遺稿集に寄稿してくれた方ですよ」

この内藤さんの証言で、森下もエンリンと『家畜人ヤプー』の主人公の名前が同じだと気づくわけです。

ただこの森下という人も『諸君！』での肩書は「鉄道事業評議会理事」となっていますが、沼正三と同様によくわからない人物ではあります。

内藤　私は矢牧さんから旧制成蹊高校の同窓だと聞いています。印刷会社の社長の息子でよく原稿用紙をプレゼントしてくれたと。

――森下に関しては『裏窓』の編集長濡木痴夢男による回想が『「奇譚クラブ」の絵師たち』（河出文庫）に出てきますので、それも引いておきます。

「奇譚クラブ」にマゾヒズム、フェチシズムに関してのエッセイを執筆して多く登場していた森本愛造《もりもとあいぞう》は、別名を原忠正《はらただまさ》、さらに森下高茂《もりしたたかしげ》、谷貫太《たにかんた》、天泥盛英などの名で活躍する。後年私はこの森本愛造と親交を結び、横浜本牧にあった彼のＳＭグッズ店（この種の店としてはおそらく本邦初であろう。なにしろ昭和三〇年初期である）へ招待されたり、小田急線相模大野駅近くにあった彼の自宅で、妻女を交えて（この奥さんは金髪碧眼の異国人であった）一夜を語り明かしたり、彼のほうから私の仕事場へきたりした仲であった（後略）。

つまり『諸君！』の森下小太郎もこの森本のペンネームのひとつだった。

内藤　そんなにペンネームがあったとは知りませんでした。

倉田卓次が『墓一つづつたまはれと言へ』に寄せたエンリンの回想は「思い出の美少年」で、その弟も『世代』の同人だった。『脱毛の秋』に「誰にも似ていなかった矢牧君」を寄せている倉田正也です。

37　『諸君！』の森下文

――とすると、やはり倉田卓次とその周辺の人たちも『世代』の人々が置かれていた戦後の文化環境を共有している。私はこの事実から、いずれ敗戦とマゾヒズムと『家畜人ヤプー』を重ね合わせてみたいとも思います。

でもそれはひとまず置きまして、『諸君！』の森下文の要点を述べておきます。これは三十年以上前のもので、どこにも再録されていませんし、内藤さんも細部まで記憶されていないでしょうから。沼正三は『奇譚クラブ』に「あるマゾヒストの手帖から」を連載し、それに一カ月遅れて森本愛造の「残虐な女達」も始まっていた。それで沼は森本（森下）の住所を『奇譚クラブ』経由で知り、文通が始まったが、森本は極秘ながら沼の住所が長野県飯田市で、名前が倉田貞二であることだけを知らされた。

その沼＝倉田が五六年にいきなり森本の自宅を訪ねてきた。それは稀覯本だったキントの原書『女天下』第四巻を見るためで、彼はそのドイツ語の原書を一晩で読破してしまい、卓抜な語学力の持ち主だとわかった。二人はその後十年ほど文通を続けたが、森本が彼と会ったのはその一回だけであった。そして都市出版社から『家畜人ヤプー』が出版され、天野が代理人にして沼本人であるとの話も伝わってきて、森本はそれに納得がゆかなかった。また天野は「文学史の中には秘密があっていい」という口実で、沼を知っている森本を買収までしようとした。森本は天野の『奇譚クラブ』におけるペンネームが黒田史朗であることも知っていたのである。天野が沼になりすましていることに疑念を抱き、森本は飯田の住所とその「気付」先から、沼が倉田卓次で、長野地家裁飯田支部判事補、札幌高裁判事、佐賀地家裁所長などを経て、東京高裁判事となっていることを突き止める。そして森本は東京高等裁判所の民事法廷の傍聴席に臨む。目の前の裁判長席に座っていた人物こそはあの『家畜人ヤプー』の著者にして、森本の自宅を訪れてきた沼正三に他ならなかったのである。

すいません、長い要約になってしまいまして。

内藤　いいえ、どういたしまして。これでよくその内容を思い出しましたし、この『諸君!』の「『家畜人ヤプー』の覆面作家は東京高裁・倉田卓次判事」が相当の反響を呼んだことも記憶に甦えってきました。でもここまで筋道を立て、手紙などの物証や『家畜人ヤプー』につながるエピソードなども示しているので、倉田さんとしては立場もあり、反論できなかったのでしょうか。

―― でもそれは三島にしてもゲイ雑誌『アドニス』に榊山保のペンネームで『愛の処刑』を書いていて、新しい三島全集には収録されている。中井英夫も碧川潭名で、『虚無への供物』を発表していることが明らかになっていますから、倉田と『家畜人ヤプー』のこともいずれ明るみに出たと思います。

38 倉田の著作のこと

―― あれだけ話題になり、ベストセラーにもなってしまったわけだから、沼の正体がばれてしまうのは時間の問題だったでしょう。

でも倉田とその周辺にはショックだったんじゃないかな。これが出たほぼ半年後の八三年に彼は退官し、公証人になっていることはそのことを示している。さらにその二年後に

『裁判官の書斎』（勁草書房）に始まるシリーズ、『裁判官の戦後史』（筑摩書房）などを次々と著わし、『家畜人ヤプー』の「覆面作家」説を払拭せんばかりの著作活動を続けていくんですが、これらを読めば読むほど、倉田が沼だと納得してしまう内容を秘めている。

内藤　私は読んだことがありませんが、タイトルからすると、『家畜人ヤプー』の内容とはまったく関係ないように見えますけど。

――いや、隠そうとしていても、その資質というものは自ずと表れてしまうものなんですね。例えば、内藤さんの義兄のエンリンの回想「思い出の美少年」は『裁判官の書斎』に再録されていますが、タイトルに見られるような少年のエロスの視点から語られ、また女性の先輩判事の回想にあっても、そうした視点が手離されていない。それに『家畜人ヤプー』の構想に不可欠だと思われるSF体験にしても、戦後のGI経由のSF雑誌やペーパーバック収集のことが述べられている。マゾヒズムに関する裏目読みのできる論もありますが、それは止めておきます。

それからもうひとつだけ付け加えれば、森下は作曲家として著名な東京芸大教授矢代秋雄と親交があり、彼が麻生保《マゾッホ》のペンネームで『奇譚クラブ』に投稿していたことも記しています。矢代には遺稿集として『オルフェオの死』（深夜叢書社）がありますが、そのことに関しては当然のことながら何もふれられていない。だから読者層としてそのような背景があり、『血と薔薇』が立ち上がり『都市』が続き、それに薔薇十字社と都市出版社も併走していたと判断できるように思われます。

内藤　それは間違いないし、執筆者人脈も読者も交差していますからね。ただ私もひとつだけ『家畜人ヤプー』のことで付け加えておきたいのは、都市出版社から出たあたりで、沼＝倉田は姿を消すことに決め、『ある夢想家の手帖から』の出版までは密かに関わったものの、その後は天野に沼名義の著作権も含めてすべてを譲ってしまったのではないかと思えてなりません。矢牧さんも最初はともかく印税の処理もあるから、そこら辺の事情をわかっていたはずだと思うのですが……、ただ私もそういった事情は苦手な分野であるし、あえて深く尋ねなかった。

――この『家畜人ヤプー』をめぐる出版はさらにいろいろと推測もできるのですが、ここまでうかがえば満足です。内藤さんにとっては本筋の話でもないのに長々とお聞きし、本当に恐縮しています。でもいささかなりと、文学史ならぬ出版史の謎の解明につながることでしょう。

さて前述のような事情で七二年に都市出版社が行き詰まり、矢牧が薔薇十字社に合流するところまではお聞きしましたので、それからどうなったのでしょうか。

39　薔薇十字社の倒産

内藤　矢牧さんは七二年夏に薔薇十字社に営業担当役員というかたちで加わり、その秋に創立三周年記念パーティを赤坂でやりました。これは印刷所や製本屋の人たちに対する一種のデモンストレーションの意味もあったのですが、澁澤さんたち著者群もいらしてくださり、三年持ったんだから立派だなんてほめられたりもしていたのですが、何のことはない、その翌年につぶれてしまった。

――薔薇十字社も組合問題があったと聞いていますが。

内藤　確かにそれもありました。でも川口さん書いた「七〇年代零細版元の潰れ方の研究あるいは薔薇十字社外伝」（『彷書月刊』02年3月号所収）を読むと、私の誤解もあったようなので、それはパスします。

ですから組合問題というよりも、倒産の原因は私の経営能力の欠如に尽きます。在庫や社員が増えたこと、矢牧さんも加わったこともあり、本をつくり過ぎたこと、製作費の上昇と印刷所との問題、高利の借金など、いろんなことが次々と重なり、押し寄せてきて倒産してしまった。

――先の川口文によれば、社会科学系の小出版社の会NRがスタートしたのとパラレルに、日本読書新聞の営業部長田浪政博が主導して文芸書の小出版社の営業グループ「ルート版の会」が立ち上げられていた。それは共同広告、共同営業、情報交換の場だったのが、いつの間にか経営者の融通手形の交換の場に化してしまい、都市出版社も薔薇十字社もこれに加わり、先に都市出版社が倒れ、薔薇十字社もその時は踏みとどまったものの、無傷でいられるはずもなかったと指摘しています。ちなみにそれらの他の出版社は濤書房、れんが書房、イザラ書房、審美社などで連鎖倒産も起きたとされている。

内藤　融通手形は他ならぬ矢牧さんに教えてもらったのよ。都市出版社もいろんなところに融通手形を交わしていたようですけれど。

――矢牧の融通手形に関しては、やはり佐々克明の「回想の都市出版社」にも証言がありますので、実例としてそれを引いてみます。

矢牧の放漫経営が、いつしか小社を傾けていたとは、私は知る由もなかった。が、あるとき名古屋に電話があり、三カ月の手形を切るから七割で割ってくれないか、という。書留が間もなく届き、みると、手形が封入されていて、なんと金額が記入されていないのである。手形の知識に乏しい私なので、折り返し代々木に連絡すると、そっちで入手できる範囲の金額を適当に書きこんで割ってくれ、という。私は、ボクだからいいが、変な筋にこんな手形を切ったらえらいことになるぞ、と矢牧にいった。しかし、矢牧は大丈夫だよ、と平然としていた。結局、大丈夫ではなかったのである。

これは読んでいても、究極の融通手形のようで、倒産しても当然だと思ってしまいますよ。

内藤 実際、この融通手形も薔薇十字社の倒産の大きな原因のひとつでもあるわけです。都市出版社が行き詰まり、銀行融資が止まってしまったことから、矢牧さんは融通手形をやり始めたんだと思う。

―― 七二年春に都市出版社は倒産していますから、推測するに七一年段階で資金繰りに窮し、融通手形を出すようになっている。でも七〇年に『家畜人ヤプー』は十万部を超えるベストセラーになっていることを考えると、それをわずか一年で使い果たしてしまったようですね。

内藤 そうです。それで私もその意味がわからない時に矢牧さんから融通手形を頼まれた。その時は薔薇十字社もまだ健全だったので、普通の銀行でうちの手形が割れた。それですっかり味をしめてしまい、前にいった林宗宏さんの三崎書房も融通手形仲間に引きこむことになり、三崎書房も先につぶれてしまったんです。

――それで『血と薔薇』と同様に、『えろちか』も特価本として古本屋に大量に流失したのはその余波なんですね。

内藤 倒産後しばらくして、「風紋」で飲んでいたら、内藤さんと声をかけてきた人がいて、それが元三崎書房の専務だった安西さんだった。だから林さんはどうしていますかと尋ねたところ、心交社という出版社をやっているとのことだった。でも『幻影城』の話のところでも出たように、林さんは奥さん名義で絃映社も営んでいたわけですから、やはりその後いろいろあったんでしょうね。

確か林さんは最初創元社にいて、京大法学部出身だと思ったけど、とにかく変わった人だった。薔薇十字社時代に私は杉並の堀之内、林さんは吉祥寺に住んでいたので、一緒に飲んだりすると、よくタクシーで送ってくれたりした。それでうちに少し寄っていきませんかといって、応接間に通した。そこに母が出てきて、こんなに遅く送って頂いてすみませんと挨拶したら、ものすごく恐縮してしまって、それ以来私に対してはえらく丁寧になり、融通手形の交換にいっても、その態度はまったく変わらないし、何か妙に不思議な人でした。

――心交社についてもコメントしたいのですが、また脇道にそれてしまってはいけないので差し控えます。

40　トリプル倒産と高利貸し

内藤　それでは話を戻しますと、都市出版社に続いて三崎書房も倒産した時、融通手形をお互いに切っていたから、薔薇十字社の資金繰りはとんでもなく大変になってしまったわけです。

――本の売れ行きのほうはどうだったんですか。

内藤　取次からは仮払いをもらっているかたわらで、返品率が上がっていく。そうすると注文品と相殺されてしまうから、取次入金はなくなるし、ゼロという月もあったりした。だから逆ザヤ状態になったこともあり、新刊を出して取次に入れなければ、仮払いももらえないので、無理してつくるはめに追いやられたわけですね。

――でも『天皇の陰謀』は売れたんじゃないですか。

内藤　あれは都市出版社がつぶれたことと融通手形のお詫びの意味で持ちこんできた企画でした。それでかなり売れたのだけど、こちらは何とか食いつないでいくために、高利貸しからお金を借りていたので、とてもそれに間に合う売上には至りませんでした。

――つまり七二年時点で、薔薇十字社は売上不振、融通手形、高利貸し、と資金繰りからいったら、もはや最悪の状態に陥り始めたことになる。

内藤　そういうこと。そうなるともう駄目なのよ。融通手形の相手もつぶれていくし、たよるところは結局高利貸ししかないということになっちゃうわけです。それに私は怖さも手伝って、高利貸しにもせっせと金利を払い続けていました。高利貸しからあなたは偉いとかほめられるくらいに。高利貸しからほめられて喜んでいる場合じゃないのに、当時はそんなことが支えになったりもしていた。ある方に言われましたが、まったく精薄そのものです。

それでも私は、何とかお金を借りて回していこうとする気だけは失わなかった。だけど私はこんな性格だから耐えられたと思いますが、こんな状態になると男の人のほうが駄目なようね。借金をかかえて駅のホームにいると、時々自殺願望に取りつかれ、吸いこまれそうになるとか、資金繰りの苦労で失語症になってしゃべれなくなってしまったとか、いろんな話を聞いてますからね。

―― 美術系出版社をやっていた友人が去年自己破産した。それで聞いてみると、借金と資金繰りに追われ、毎日寝汗がすごかったといいます。それが自己破産した途端に治ってしまったようです。

41　小出版社の相次ぐ倒産

内藤　それにあの頃は私のところだけじゃなくて、小出版社が次々と倒産していた時代だったこともあって、変な言い方かもしれないけれど、そうしたことに慣れていた。みんな同じような状況にあったから。

―― そういえば、七〇年代はとても多くの小出版社が倒産していますものね。先に挙げた他に竹内書店、仮面社、牧神社、すばる書房、大光社、奇想天外社、アディン書房、月刊ペン社などもそうだし、死屍累累という有様です。

倒産に至るにはそれらの出版社にも様々なドラマがあったと思いますが、いずれにせよ、負債が限界に達し、倒産してしまったことは共通している。ところで薔薇十字社の場合はどのぐらいの負債だったんですか。

内藤 六千万円ぐらいだったと思います。

―― 正味三年間で、出版点数は三十六点ですから、七〇年代前半の負債としてはかなり大きい。

内藤 融通手形と高利貸しのこともあるけれど、当時の製作費が今と比べものにならないほど高かったことも影響しているでしょう。それこそデコレーションケーキではないけれど、いつもきれいな本をつくるようにしていたし、貼箱だったから、その分コストもかかってしまった。それでいて重版は数えるほどで、ほとんどは初版のままで完売したわけではないし。

ただ最後の頃は少し知恵がつき、台湾の印刷屋に半分くらい仕事を回し、製作費を安くする努力はしていましたけど。

――川口さんから聞いた話では刊行点数がまだ少ないので、とにかく月一点新刊を出し、まず五十点までもっていき、営業体制を強化し、長期セットを組んで書店に置いてもらえれば、何とか単年度採算は黒字になるのではないかとの目算もあったようです。

内藤　そこまでもっていけば、もう少し売れるようになったかもしれないわね。本当にそう思う。だからもう少しちゃんとした資金があって、その一山を乗り越えることができればよかったのに、まあ、息切れしてしまったわけです。

それから後はいろいろと経験も積んだので、少しは利口になったかと思いましたが、やっぱり経営能力は皆無ですね。

――そこら辺の判断は難しいですね。ただ七〇年代の出版社の倒産ですと、内藤さんたちのように再び出版社を始めたり、編集者や営業の人たちも他社に移ったりして、大半が同じ出版業界で再起可能だった。ところが九〇年以後は自己破産で終わってしまい、経営者はもちろんのこと、編集者や営業の人たちの消息もわからない。そういうことを考えますと、都市出版社にしても薔薇十字社にしても、あえて失礼な言い方をすれば、まだ牧歌的な時代の倒産だったようにも見えます。

第Ⅴ部

42　最後の本のことなど

内藤　でも倒産してから後、いい仕事をしていたのにとずっといわれ、自分でも気の毒なくらいいい仕事をしていたと思っていたので、倒産させてしまったことは本当に残念だと思い続けています。

それに川口さんから聞いたことですけど、最後の頃に鷲巣繁男さんの『戯論―メディア加藤郁乎』を出した時の話があります。

――Ａ５判箱入りの厚い本でしたね。

内藤　あれは限定千部で、定価は三千八百円だった。資金繰りのことを考え、本当は三百部にして一万円ぐらいつけなければ駄目なのに千部もつくってしまった。そうしたら出る前に横浜の書店から五十冊予約が入ったというわけ。そんな部数を書店からの事前注文で受けたことがないから、驚くと同時に薔薇十字社もそれなりに注目され、新刊も待たれているんだとあらためて思いました。

――その話は私も聞いています。五十部予約注文を出してきたのは横浜の関内のキディランドで、この「出版人に聞く」1の今泉氏と後に古本屋グループ自由フォーラムを展開することになる丸山猛だったようです。川口さんもそんな部数は何かの間違いじゃないかと思い、わざわざ確認しにいった。そうしたらその部数でいいんだ、うちで売るから大丈夫だという返事が戻ってきたという。

その次に出た実質的に最後の本、バルベイ・ドールヴィリ、小島俊明訳『妻帯司祭』は幻の一冊となってしまっているようですね。

内藤　『妻帯司祭』の見本ができ、取次に配本する前に倒産してしまい、その見本が数冊だけなぜか書店に出されたようだけれど、すぐに売れてしまったらしく、本当に幻の本かもしれません。

――『妻帯司祭』の出帆社版はよく見かけますが、薔薇十字社版は見たことがありませんね。それは古本屋を営んでいる川口さんですらも同じで、彼の当時の勤務先の近くで毎日見ていた虎ノ門書房のショーウインドウの「今日の新刊」コーナーに飾ってあったのを見て、ようやく出たと安心したその日の午後、薔薇十字社が倒産したとの連絡を受けた。その夕方の帰社時にはウインドウからは『妻帯司祭』は消えていたといいますから。もちろん倒産事情と絡んでいる。

内藤　そうなの、製本屋にそのまま残っていて、破産宣告後薔薇十字社の資産と見なされ、弁護士を通じて出帆社のスポンサーに買ってもらったんだと思います。ただ私はその交渉も金額も知りませんけど。そうして箱や奥付などを切り替えたりして出帆社版に改装されたはずです。

――そういう事情だったんですね、そうでなければ、古書市場に出てこないはずがありませんから。

出版社に限らず、どの会社でも倒産となると大変ですが、薔薇十字社の場合はどうだったんですか。

内藤　薔薇十字社の大手債権者は高利貸しは別として、製紙会社と印刷所でした。その他にも製作関係の多くの債権者、借金などの保証人になってもらった人たちもいました。破産を申し立てたのは、利幅がうすいといわれている製紙会社でした。

そして高利貸しと大債権者の印刷所の社長が手を組んで、私と矢牧さんは社長の別荘にかくまわれることになった。これはまったく私たちの意向ではなく、後になって考えれば、大手債権者の彼らが倒産整理をスムーズに進めるためだったんでしょうが。二週間ぐらい匿われていたかかな。食料とお酒と小遣銭は用意されていて、いつになったら帰してくれるのかと思いながら過ごしていた。
そんな中でも破産管財人の弁護士が尽力してくれて、取次口座の精算なども細かくやってくれ、川口さんはすでに退社していたけれど、最後に残っていた社員に未払い給料を支払うことができたのです。

43 森茉莉とのトラブル

――倒産をめぐって著者たちとのトラブルはなかったのですか。

内藤 皆さんも事情はわかっておられたので、表だったトラブルはなかったと思います。だから出帆社をすぐに立ち上げられたのですが、出帆社になってから腹が立つ事件が起きたの。それが森茉莉事件です。
出帆社を始めた頃、ある日新潮社の編集者から電話がかかってきて、森さんにお金を払って上げて下さいといわれたわけですよ。こちらは薔薇十字社は破産会社だし、個人的にもお金はないし、雇われの身で何とかやっている状態なのに、どうしていきなりそんなことをいってくるのかと思った。

そうしたら『週刊新潮』の「ドッキリチャンネル」という連載で、森茉莉が薔薇十字社に三百八十万円の印税を踏み倒されたと書いたことからかかってきた電話だとわかった。

――それはジィップの『マドゥモァゼル・ルウルウ』のことですね。

内藤　そう、戦前の初期の翻訳で、確か昭和八年に崇文堂という出版社から出されていたものです。

――先にうかがっておきますが、どういう経緯でそれを出されたんですか。

内藤　須永朝彦が薔薇十字社にときどき遊びにきていたんですが、彼が内藤さん、こういうものがあるといって、古本を持ってきた。それで借りて読んだところ、これはなかなかいいと思い、薔薇十字社風装本で復刊することに決めた。私もああいうことを書かれる前は森茉莉の大ファンではなかったにしても、好意はもっていたので、きれいな夢のような本に仕上げれば、とても喜んでもらえるのではないかと考えたわけです。

それで私は森茉莉に連絡して下北沢で会い、きれいな本にして出しますからと申し出たら、彼女はとてもうれしいといった。だからこれは須永さんの企画ではないけれど、彼の功績ですね。

――部数と定価はどうだったんですか。

内藤　確か三千部で九百円だったわ。

――ということは十％印税としても二十七万円ですよね。

内藤　そうでしょう。それに確か翻訳ということで七％で契約したはずです。だから十数万円なのに、それがどうして三百八十万円になるのかわからない。

――私もこの話が出るんじゃないかと思い、事前に『ドッキリチャンネル（1）』（『森茉莉全集』6所収、筑摩書房）を読んできましたが、発端は出帆新社から電話があったことで、そこでの会話から森茉莉の思いこみが始まったようです。

ちなみに内藤さんのほうの思いこみの間違いをいえば、それは八〇年の『ドッキリチャンネル』に三回にわたって断続的に書かれていますので、薔薇十字社ではなくて出帆社の倒産後のことだと思います。まだ出帆新社については後でお聞きするつもりです。でもそれだけではなく、森茉莉は他のこともいろいろと書いていて、これは誰かに吹きこまれたのではないかと明らかに思えるところがある。

内藤　そう、明らかにおかしいでしょう。たとえばある会場で隣りに「ズクニュー」が座り、薔薇十字社の編集長、もしくは社長代理のようにいばっていて、これが内藤と駆け落ち旅行した男じゃないかと書いている。「ズクニュー」とは彼女の言葉によれば、「父親の用語で、頭が丸坊主か一分刈りで項《うなじ》のところが三重顎のようにくびれている、太った大男のことである」。

――松山俊太郎のことをいっているわけですね。

内藤 そう考えて間違いないでしょう。薔薇十字社が倒産して、私と矢牧さんが大手債権者たちにかくまわれ、二週間ほど連絡がとれなかったことに関し、それを私と松山さんの駆け落ち旅行と勘違いして書いていたらしい。

そこで私は新潮社に抗議にいきました。そうしたら『週刊新潮』の編集長が立ちはだかり、抗議文も受け付けないし、絶対に訂正文も載せないと言い張ったので、新潮社はとんでもない出版社だと腹を立てて帰ってきたものです。

私が想像するに森茉莉は誰かの出版記念会で松山俊太郎に会った。そうしたら松山さんのことだから、親しげに側に寄って、あの『マドゥモァゼル・ルウルウ』はどうこうなんていったんじゃないかと思うの。松山さんの風体は入道そのものの「ズクニュー」だし、悪印象を受けた上に、この男は薔薇十字社の回し者だと考え、たちまちいろんな妄想に捉われたんじゃないでしょうか。

44　出帆社と路書房

――おそらくそうでしょう。でも他の著者たちは出帆社として再出発するにあたり、ほとんどが著書の再発行を許可してくれたのだから、これは内藤、矢牧両氏の人徳だと思います。それに比べれば、森茉莉の一件は必ず倒産をめぐって起きるトラブルでもあり、人の口に戸は立てられずの一例だと見なすしかないでしょうね。

そんなわけで、次は出帆社に移って頂けませんか。

内藤　それには前史があって、御徒町の上野に近いところで、飲食店を経営するかたわら、特価本屋、もしくはゾッキ本屋といったらいいのかな、それをやっていた中田さんという人がいた。天声出版の時も薔薇十字社の時も、現金が足りないと本を持っていって買ってもらっていたんですよ。掛け率は安いにしても、すぐに現金になるので、すごく助かっていた。それで出入りしていたので、ただそれだけのつき合いだった。その頃は中田さんのところだけでなく、本を買ってくれる古本取次を兼ねていた店がいくつもあって、神保町の東西堂にもよく売りにいきました。どうしても現金が必要になった時、年の暮れとかに。そうそう、芳賀書店にも買ってもらっていました。

これは後で知ったことなんだけど、中田さんは別の人の名前を使って袋とじの写真集をつくっていたんですね。

―― ビニール本ですね。

内藤 そう、ビニ本ね。それやこれやで儲けてうなるほどお金を持っているという噂でした。

―― 当時はその人だけでなく、多くの上野、浅草方面の業界関係者がビニ本を手がけ、ものすごく儲けたようで、象徴的だったのは矢牧さんがいた芳賀書店がビニ本を大量に揃え、飛ぶように売れていたことがあった。

内藤 きっと中田さんはその先駆けだったんでしょうね。

その中田さんが薔薇十字社がつぶれたという噂を聞きつけ、彼の手下に内藤三津子と矢牧一宏を探すように命令したらしいの。ところが私は二週間ほどかくまわれていたので、見つからなかった。それでようやく連絡がついたのは薔薇十字社が倒産してから半年ほど経った頃だったんじゃないかしら。

―― そうすると七四年になっていた。

内藤　そうだと思います。

そしてある午後、中田さんから九段下のホテル・グランドパレスに呼び出された。何かと思って出かけていったら、資金の援助をするから出版社をやるようにとの提案だった。もちろん条件がついていましたけれど。

――どういう条件だったのですか。

内藤　中田さんの弟が路書房という出版社を持っていた。それは当時写植屋を兼ねていた出版社で、取次口座も開いていた。だから出帆社の本の発売元になれるし、新刊を出せば、路書房が三十パーセント仮払いする、その条件なら出帆社は何とか回っていけるはずだというのが中田さんの提案だった。

――なるほど、それで出帆社の本は発売が路書房となっているわけですね。

内藤　そうです。ところが中田さんの言い分は私だけではわからないし、判断もできないので、次に矢牧さんを連れていくことにした。中田さんと矢牧さんを引き会わせ、そういう話であれば、大人同士でうまくやりましょうと話が進んでいった。

――七〇年頃に路書房から『バルカン戦争』『ファニー・ヒル』『キャンデー』などの翻訳ポルノ小説が出ていて、発行者は中田米四勝とあるから、この人がその中田さんの弟でしょうね。
でもこれらの本の装丁を見ると、やはり同じ頃に翻訳ポルノを出していた二見書房を彷彿させる。訳者は三冊とも伴吉彦となっているけれど、これは誰かのペンネームでしょう。おそらく河出書房の「人間の文学」あたりから、これまでポルノグラフィと見なされてきた外国文学の翻訳がアンダーグラウンド的ではなく、正面切って出版されるようになった。それに伴って様々な出版社が参入し、路書房もそのひとつだったんでしょうね。

内藤　ところがこれは出帆社の最後のころの話になるわけですが、ポルノものの発行も引き受けてほしいという条件も付加されました。

45　出帆社のスタッフ

――つまり発売元の路書房のポルノ小説の出版のダミーを引き受けさせられたのですね。それは後でうかがうことにしまして、とりあえず出帆社はスタートした。ところでスタッフはどうなっていたんですか。

内藤　薔薇十字社時代の社員は編集、営業、経理も含めて、のべ十数人になるのかな。

そのうちの編集担当で、七三年の最後の頃までいたのは渚さんと福田さんの二人だった。

—— 確か川口さんは七三年三月に辞め、退職金を手形でもらったといっていました。

内藤 そうだったかしらね。ところが渚さんはアメリカにいくという。それなら帰りにフランスに寄り、堀内誠一さんに会ってきたらと勧めた。それで彼は堀内さんの紹介で、「イリフネ」というパリの日本人用ガイドマップの手伝いをしたことがきっかけになって、帰国してから草思社の嘱託になったはずです。福田さんはセルフ出版の出身だったので、一時そちらに戻っていた。

—— セルフ出版といったら白夜書房の前身ですね。

内藤 そうですね、白夜書房は出帆社が倒れたあとですから。出帆社を始めるとなって、すぐに福田さんを呼びました。まず私、矢牧、福田さんで出発。そしてすぐ、新聞の三行広告で社員募集をした。そうしたら履歴書が山のように送られてきた。その中から選んで面接をして、ハンサムとは言い難いがとても感性のいい久米君を選んだ。矢牧さんが選んだのです。人柄はよかったし。

—— 彼は川口さんの大学の同期で、文学青年だったらしいですね。

内藤 そうそう、根っからの文学青年で、私たちもかわいがり、一緒によくお酒も飲んだものです。でも性格的に弱いところがありましたね。福田さんからもそれでは駄目だよといわれていた。

――福田さんは戻ってきていたんですか。

内藤 先ほど言いましたように、私がセルフ出版から呼び戻したのです。

――それである程度の出版体制は整ったにしても、とりあえずの資金が必要なはずで、そこら辺はどうだったのですか。矢牧さんにしても内藤さんにしても、会社を倒産させたばかりだし、さすがにまたしても高利貸しとか、これまた同様の出版金融にたよるわけにはいきませんでしょうから。

内藤 やはり聞かれてしまいましたか。それはひとえに『世代』の人脈が絡んでいて、旧制高校や東大の人たちは結束が固く、文化的なものを求心にして集まろうという意志が強かった。まして彼らは戦争下において、そういった欲求を抑えられていただけに、戦後になって文化的活動が自由にできることは大きな喜びだったんでしょうね。それも他には代え難いという。それは私の兄を見ていてもそうでしたから。

――それは遠藤麟一朗や矢牧の追悼集の編まれ方を見ただけでわかります。

内藤 もう亡くなってしまったけど、太田一郎という歌人がいて、出帆社から湊合歌集を出している。これは私家版歌集を三冊一緒にしたもので、私の好みでフランス装にして、太田さんもとても気に入ってくれた。

——やはり『脱毛の秋』に「矢牧の思い出」を寄せている人ですね。

内藤　実はその太田さんが国民金融公庫の副総裁だったのです。彼は長い間結核のために入院していて、東大出にもかかわらず、世の中に出るのが随分遅くなってしまっていた。それでどこに就職しようかと考えていたところ、できたばかりの国民金融公庫が一高東大という優秀な人材を求めていたこともあって、ぜひきてほしいと三顧の礼で迎えられ、最後には副総裁にまでなっていた。

その太田さんがいたから、かたちだけの審査で国民金融公庫から薔薇十字社も出帆社も、すんなりお金を借りることができたわけです。ついこの間までお元気でしたけれど、最近になって亡くなられました。

46　出帆社の始まりと刊行書目

——それで出帆社は始まっていくわけですが、都市出版社や薔薇十字社の倍近い本を出しているにもかかわらず、この一冊というのが思い浮かばない。

内藤　言い訳にもならないけど、こちらは国民金融公庫からの借り入れはできたにしても、とにかく路書房からの三〇パーセントの仮払いで全部回していかなければならない。つまり新刊を次々に出して、その仮払いをもらい、家賃、日常経費、人件費などを支払っていかなければならない。とにかく大変でした。

それでどうしても薔薇十字社の焼き直しが多くなってきて、あれも出そうこれも出そうということになり、嫌がる澁澤さんに懇願し、『黄金時代』や翻訳の『ポトマック』などを出させてもらった。とにかく出さなければ、お金が入らないし、会社が回わっていかなかったのです。

――　それで点数が必然的に増えていったことになるし、焼き直しも多いので、インパクトが薄れてしまい、それで印象が弱くなってしまったわけですね。でも逆に薔薇十字社版は入手しておらず、出帆社版で買い求め、強いインパクトを受けたものもあります。

内藤　それは何かしら。

――　久生十蘭の『紀ノ上一族』と『大坪砂男全集』ですね。前者は覚えていませんが、後者の薔薇十字社版は確か箱入りだったのに、出帆社版はカバー装で箱がなかった。

内藤　経費がかけられなかったことと刊行を急いだので、結局カバー装にしてしまったわけです。

――『紀ノ上一族』は今でも持っていて、一年ほど前に必要があって再読しました。『大坪砂男全集』のほうは友達にあげてしまったので、手元にありませんが、古本屋でも高い値段がついているようですね。

内藤　その後新たに全集は編まれていないからでしょう。

――実は大坪も読まなければと思っているのです。谷崎潤一郎との関係は『アンドロギュノスの裔』の渡辺温のことがよく知られていますが、大坪とも深く関わっていたらしく、『蓼食う虫』の登場人物の一人が大坪をモデルにしているようなんです。

内藤　それは初めて聞きました。

――私も川西政明の『新・日本文壇史』（岩波書店）で知ったことですが、いずれ『大坪砂男全集』を再読して確かめてみたいと思っています。

それから久生十蘭は薔薇十字社から出ていなかった『巴里の雨』が出帆社から出され、とてもよかった。『美国横断鉄路』も出ると聞いていましたが、こちらは奢霸都館から刊行され、その他にも刊行予告のあったP・モリオンの『イギリス人』は同じく奢霸都館、巌谷国士の『幻視者たち』は河出書房新社、種村季弘の『悪魔礼拝』は桃源社、マチュリンの『放浪者メルモス』は国書刊行会、アンドレーエの『化学の結婚』は紀伊国屋書店から出版されている。

薔薇十字社がもう少し続いていたら、これらも刊行書目に挙げられるのに、本当に残念な気がします。また『泉鏡花全戯曲集』全三巻の企画もあり、かなり進行していたようですが。

47 出なかった『泉鏡花全戯曲集』

内藤 あれは菊判にするつもりで、紙型になる寸前まで進んでいたの。台湾の印刷屋の若くて感じのいい、林さんという人に頼んでいた。私が二週間かくまわれていて、一番気になっていたのは彼のことで、薔薇十字社はつぶれてしまったんだけど、『泉鏡花全戯曲集』はあそこまで進んでいたし、もったいないと思い、帰ってきて連絡をとった。ところがどういう事情なのか、連絡がとれなくなってしまっていた。それでお金も払わないままに終わってしまった。

―― それは『幻影城の時代』で島崎が語っているように、当時の台湾の社会・政治事情も絡んでいるのかもしれませんね。

でも『泉鏡花全戯曲集』が出なかったことは誠に残念です。あそこで出ていれば、鏡花に対する評価も変わっていたかもしれません。後に岩波書店から『鏡花小説・戯曲選』が出ますが、あれは時期を逸したような気がしますから。

内藤 『鏡花全戯曲集』は出帆社から出るはずだと思っていた人もいて、いろんな人からも聞かれたし、私としても本当に悔やまれる企画でしたね。どうしても出版したいといえば、中田さんだってそこまで進んでいたのだからお金を出してくれたと思いますが。

―― 出帆社の目録を見ても、多くが薔薇十字社の焼き直しか、その延長線上の企画のように映りますが、都市出版社のものは少ない。

内藤 それは都市出版社の本が売れていなかったこと、そのこともあって矢牧さんも焼き直しに積極的ではなく、結局のところ薔薇十字社、もしくはその流れに位置するものを出すしかなかった。

―― 確かに都市出版社の本は焼き直しできるようなものは少なく、『家畜人ヤプー』

にしても角川文庫に入ってしまっているから、出したとしても、それほど売れなかったでしょうし。

内藤 いつもそうですけど、もう少し長く続けば、またちがう展開もあったのでしょうが、出帆社も二年余ぐらいしか続かなかったから。

―― そこに至る事情はどうだったんでしょうか。

48 路書房の摘発

内藤 それは路書房のポルノものが原因、もしくはきっかけでした。路書房のポルノものの発行人になることが出帆社を立ち上げる際の条件の一つだったことはすでに話しましたけれど、それで本当に矢牧さんが捕ってしまったんです。

―― そのポルノものは何というタイトルですか。

内藤 それが思い出せません。とにかく路書房からは何が出ていたのか、それをまったく知らされていなかったし、また知る気もなかったので、あんな事件になったけど、忘れてしまった。でも当時の新聞には出ていたはずよ。

これにはあの久米君が絡んでいて、矢牧さんは万一の場合に備え、久米君にポルノものの発行人を引き受けてくれるように頼んでいた。その代わりそれなりの報酬は用意すると。そうしたら久米君はお金をもらえるのであれば、いいですよと引き受けたわけなの。つまり捕った時にはこれだけのお金を払うという約束をした。

ところが中田さんはそんなことはないと思うけどといっていたにもかかわらず、その、書名が思い出せない本で挙げられてしまい、久米君が本当に警察に捕ってしまった。それからが問題で、約束したのに久米君は本当の事情を洗いざらい白状してしまい、すぐに矢牧さんも同じように捕ってしまった。

――それは知りませんでしたね。

内藤　久米君、話がちがうじゃないのに加え、久米君は新聞に出なかったけれど、矢牧さんは『家畜人ヤプー』などのことで知られて有名だったこともあって、しっかり新聞にも出てしまった。

ただこちらと路書房の関係が翻訳者や編集者を含め、まったく別であることがわかり、大きな騒ぎには至らなかったことは幸いでしたけれど。

――でもそこら辺の当時の小出版社、編集者、翻訳者事情というのは混沌としていて、よくわからないことが多いですね。矢牧さんも『天皇の陰謀』を出すにあたって、れおぽーる書房を名乗っていた。

また私もかつて言及したことがありますが、ニトリア書房という出版社から『星の王子さま』の性的パロディ『ポルノ王子さま』（カジノ＝リブモンテーニュ作、中田博訳）が出ていて、ここから沼正三の『集成夢想家の手帖から』も刊行されている。これは明らかに都市出版社版の焼き直しだから、矢牧さんか、路書房が絡んでいるのかもしれません。

内藤　そうしたことに私は事情がうといし、話も聞いていません。

49　出帆社の終わりと白夜書房

――そうでしょうね。こちらはいろんなお金と人脈が絡んでいるはずですから。さて話を出帆社に戻すと、この事情がきっかけで、出帆社も終わりになってしまった。でも出帆社にも負債はあったはずですが。

内藤　この事件で路書房が休業状態になり、つまり出帆社の発売元がそうなったわけですから、こちらもやっていけないし、中田さんももはややる気を失ってしまっていた。

それで印刷、製本、紙屋さんなどの債権者を集め、スポンサーが手を引いてしまい、私たちだけではやっていけないので、廃業しました。一時セルフ出版の森下さんが助けてくださろうという話もあったのですがこちらの経営状態があまりにズサンなのに驚かれ、実現しませんでした。

そうした経緯の中で、森下さんが債権者たちに負債の十五パーセントか二〇パーセントを払ってくださったことで、何とか収まりました。

――その続きがまだあるんですよね。

内藤 出帆社もつぶれてしまったので、福田さんはセルフ出版に戻った。それで昔の名残りを引くセルフ出版を改め、まっとうな出版社白夜書房という会社を立ち上げることになったようです。白夜書房の命名者は福田さんです。

――中田さんと森下さんは知り合いだった。

内藤 二人はとても仲がよかったけど、ライバルでもあったんじゃないかしら。

――それも当時の出版事情としておもしろいですね。でもまさか薔薇十字社、出帆社、白夜書房が編集者人脈でつながっているとは想像もしていませんでしたので、本当に驚いています。しかしこの話を聞いて、白夜書房が初期の頃、上野昂志の『巷中有論』、イタロ・カルヴィーノの『蜘蛛の巣の小道』（花野秀男訳）など出していたのか、ようやくわかりました。その福田という人の企画だったのですね。この人は『脱毛の秋』に「多分に反面教師としての師」を寄せている福田博人ですか。

内藤　そう、それがまさに福田さんです。

――　福田博人が白夜書房の書籍部門を受け持ち、末井昭が雑誌部門を担い、白夜書房はそれから急成長していったことになるのですね。

内藤　その末井さんとかいう人が有能で、写真雑誌やパチンコ雑誌を成功させ、ものすごく儲けたようで、私は福田さんに以前と変わらない大して売れそうもない本を出して大丈夫なのか聞いたことがあった。そうしたら彼は雑誌が売れているからといっていました。

それからテレビで広告などを目にするようになり、もう私の理解の範疇ではない出版社へと大きく成長してしまったと実感しました。

50　出帆新社について

――それから森茉莉のところでも出ました出帆新社の件もありますね。

内藤　あれには本当に困りました。出帆新社というのは出帆社が倒れてからある日佐藤という男が訪ねてきて出帆新社を作りたい。吉行淳之介の『童謡』を出したいので、矢牧さんに社名を譲って下さいといってきた。矢牧さんはもう一度自分がそこの社長になるのかと誤解し、いいよといってしまった。それは私が同席していなかった時のことです。そうしたら佐藤は矢牧さんの許可ももらったので、出帆新社を始め、出帆社の本を新たに出していくと広言し、『童謡』などを出し始めた。それもあって、森茉莉の「ドッキリチャンネル」の一件も起きたわけだし、私もいろんなところから出帆新社には迷惑しているといわれた。そのたびに私は何の関係もないし、一切見返りは受けていないと弁明してきたのですが……出帆新社はまだあるのかしら。

――これは調べてきましたが、佐藤という人ではなくて経営者が代わり、まだ続いているようですね。

内藤　そう、もう次の代になってしまったの。

――ここで出帆新社の名前が出たこともあり、あらためて一度整理しておきます。天声出版、都市出版社、薔薇十字社、出帆社は会社としては別ですが、矢牧、内藤両氏と著者人脈の流れに同じ書名の出版物を刊行していることもあって、いろいろと誤解や思いこみを生じさせているらしい。それは川口さんも証言しているように、古本屋の客にしても同様のようです。

この四社についてはは本インタビューで順番にたどってきましたので、それらの流れは理解されたと思います。そして出帆新社は二人と関わりもないことも。

これらのことに関して内藤さんから付け加えることはないですか。

51　編集プロダクション「Nアトリエ」

内藤　私にしても矢牧さんにしても、出帆社を最後にして、それ以後出版社を立ち上げてはいません。だから矢牧さんと私の出版社物語はそこで大体終わりです。

後はNアトリエという編集プロダクションを始め、いろいろな出版社の仕事をしていくことになります。

――その間に矢牧さんが五十六歳という若さで八二年に亡くなり、内藤さんは矢牧さんを看取り、『脱毛の秋』にその「病症報告」が収録されています。そして八七年に澁澤龍彥と堀内誠一も相次いで亡くなり、『血と薔薇』の主要メンバー三人が鬼籍に入ってしまった。それはひとつの戦後文化のターニングポイントを示しているのかもしれません。そうした中で、内藤さんはNアトリエとして様々な仕事に携わっていくわけですが、今度はそれらをうかがわせて下さい。

内藤 最初はついていていたんですよ。姉がまだ中山書店にいたので、その『放射線医学大系』という企画の編集仕事をまかせてもらえた。それで家賃と給料はまかなえた。

――ということは誰か雇われていたんですか。

内藤 あの渚さんが草思社の仕事をしていたのだけど、責任のある地位につけられそうになったことに脅えたのか辞めていた。それで矢牧さんがもう病気になっていたので、声をかけたらくることになったの。そのほか、いま首都大学の教授になっている平井博さんがアルバイトできていました。それにもう一人若い女性がいました。

――そういうことだったんですか。大部のシリーズ物になると一人ではちょっと無理ですものね。

52　いいだ・ももと「思想の海へ」

内藤　中山書店の仕事が終わろうとしている時だったか、終わった頃だったか、次の仕事が見つからず困ったなと思っていたら、この間亡くなったいいだ・ももさんから相談があるとの連絡が入ってきた。それは「思想の海へ」という全三十一冊のシリーズを立ち上げるので、編集製作を引き受けてくれないだろうかという話だった。

――八〇年代に社会評論社から出されたあのシリーズですか。

内藤　そう、いいださんもいろいろな出版社と交渉したようなんですけど、かなり高いことをいわれたらしいのよ。聞いてみると、そのぐらいかかっても当然だという仕事量でした。そこで私は一冊五十万円でどうですかといって、それを月二冊出すという約束をした。それで渚さんをしごきまくり、一年半かけて刊行したわけです。

――そうか、編集は内藤さんたちが引き受けていたんですか。

内藤　このシリーズが完結した時、私はいいださんにお礼をいう会を出版クラブで催したの。私もお金をもらったけれど、著者の人たちもわずかにせよ印税を払ってもらい、印刷費も何もかも、いいださんが全部引き受けてくれたから実現したことだし、みんなから七千円の会費をとってやりました。実際にそうした実情を知らない人たちもいたみたいでしたから、私はすべてを会で発表した。

その時に私は記念品として白地図の地球儀を自分で買い、それを差し上げたんです。あの頃は世界情勢がどんどん変わっていったから、白地図の地球儀ならば、それを自分が塗り分けていくこともできると思ったからで、それに白地図のまま置いたってきれいなものでした。いいだ夫人もとてもうれしいと喜こんでくださった。

いいださんの最後の本が社会評論社から出ましたけれど、あれも私が手伝いました。いいださんの手書きの原稿は内藤さんしか読めないから、やってくれと頼まれて。でもこれはリライトに苦労して私は書痙になってしまったわ。

―― 社会評論社から聞いた、いいださんの字が読める人というのは内藤さんだったんですね。

53　いいだ・ももと出版

――『世代』から始まり、矢牧一宏からいいだ・ももまでの話をうかがっていて、いいだも、ものすごく出版をやってみたかったのではないかと思いました。『世代』の最初の編集長はエンリン、その次が矢牧で、矢牧はずっと出版に携わり、いいだの本も出してきた。だから矢牧亡き後、今度は自分が出版に挑まなければならない、それがいいだの思いであり、「思想の海へ」の企画だったのかもしれない。

内藤　それはいえるかもしれませんね。二人は大親友だし、矢牧はいいださんの影響をものすごく受けているし、『天皇の陰謀』だっていいださんの企画と翻訳ですし。それに芳賀書店や都市出版社の左翼的企画はいいださんが関係しているはずです。

矢牧さんは政治的な人間ではないけれど、いいださんのことは信用していて、それが文学的な部分にも及び、いいださんが、最近はスタンダールを読んでいる人間の顔は見えないね、なんていうとひどく感心したりもしていた。それで私はそんなしゃれたことをいったって、いいださんの文章はおもしろくないわと半畳を入れていたこともありますから。

——でも二人だけでなく、内藤さんも『世代』の渦の中にずっといたし、その中で出版を営んできたといえるし、そうした意味で『脱毛の秋』の寄稿者たちは『世代』の神話の世界の中を生きてきたのかもしれません。しかしいいだ・ももの死はもはや『世代』の神話が完全に終わってしまったことも告げているのでしょう。

内藤　そういえば、もう一人の『世代』の小川徹さんの仕事も手伝いました。小川さんは沢村貞子の夫が出していた『映画芸術』を引き受け、晩年になって入院しても出し続けていたので、矢牧さんから手伝ってやれといわれたの。

——『映画芸術』といえば、あの雑誌も沢村が夫の大橋恭彦のために女優で稼ぎ、出し続けさせていたという雑誌でしたね。

内藤　ただ小川さんと私と編集センスがまったく合わないから、あまり役には立たなかった。

——それはどういうことですか。

内藤　私がきれいにレイアウトしたりすると、そのきれいなレイアウトが小川さんは嫌いなんです。それから空白があることも許さない。だから文句ばっかり。こちらもボランティアでやっているわけだから、文句を言い返しつつ、病院で打合わせて仕事をしていた。きれいな雑誌にしないと売れないわよと私がいっても、小川さんはそうじゃない、いっぱい情報がつまっているほうがいいんだという主張を繰り返すばかりだった。それはそうと、小川さんの後を引き受けた荒井晴彦という人は『映画芸術』を出し続けているのかしら。

――最近見ていないので、どうかな。でも本当に苦しくて、寺脇研に買ってくれないかと何年か前に書いていたから、もう出せなくなっている可能性が多分にある。まして今はひどい出版状況だから、とても難しい状況にあることは間違いないでしょうね。ところでそのボランティア編集は別にして、『放射線医学大系』「思想の海へ」に続く次の仕事は何だったんですか。

54 近畿大学の仕事

内藤 これも「思想の海へ」が終わる頃に近畿大学理事長で当時参議院議員の世耕政隆さんと知り合いになった。それである時、電話がかかってきて、ちょっと事務所にきてくれというので、参議院会館に出かけていった。そうしたら、近畿大学の学生募集案内のパンフレットをつくってくれないか、それに他にもその手の仕事がいっぱいあるからと頼まれたわけです。

それにはリクルート事件が背景にあり、近畿大学はリクルートにそれらの仕事をまかせていた。ところが世耕さんはそういう事件を起こしたリクルートに関わるのは嫌だということで、リクルートを切ってしまった。でもその後のことは決まっていなかった。

それで出版と編集の仕事をしている私のことを思い出し、連絡してくださったのね。こういうものはつくれるのかというので、もちろんできますといって、それから十年間、近畿大学の仕事をして生きてきた。

――私の知り合いでも高校の教師から近畿大学の教授になった人がいますが、いろいろ作家たちを教授に迎えてもいますし、そういった雇用や仕事のことを含め、近畿大学が果たした役割はかなり大きかったんじゃないかと考えていましたが、内藤さんも仕事の面で同じだったんですね。

内藤　でもそのためにNアトリエが世耕さんの私設秘書室みたいな感じにもなってしまったの。いつも大阪と東京を往復してお仕事をされていましたが、東京にいる時の夜分、飲んだり食べたりする際につき合ってくれる友達がほしいわけで、その役目はいつの間にか私ということになってしまっていた。世耕さんが亡くなったのは七十五歳で、今の私ぐらいの歳ですけど、お金も地位もあってもやはりお淋しかったんでしょうね。この歳になるとそれもよくわかります。

最初は仕事をもらえるといっても、受験生用のパンフレットを年一冊ぐらいじゃないかと思っていたんですよ。だから世耕さんが東京にいらっしゃるときは私はほとんど必ず呼ばれていきますので社内ではブーイングもありました。私は商売商売となだめていましたけれど。

ところが次から次へと仕事をくださった。近畿大学は学部がたくさんあるので、学部ごとのパンフレットなどが全部私のところにくるようになってきたんです。

――それはすばらしい。

内藤　ところが私のそこが駄目なところなんだけれど、印刷会社にぼられていたのよ。これまでの印刷会社との関係から、相見積りをとらないで頼んでいたので、随分高いものについていていた。それでこんなに高くやっていたら駄目だよと親しい人からいわれ、値切ったりもしましたが、やはりそんなに安くならなかった。

そのうち、印刷はうちでなく、先方指定の印刷会社ということになり、苦しくなり始めた。そんな矢先に世耕さんが死んでしまった。それは九八年のことでした。私としては盆も正月もまったく関係なく、いつもお伴をして、いろいろと尽くしたつもりでしたけど、何の遺言も残していただくこともなく、世耕さんの死とともに近畿大学の仕事もこなくなった。次の理事長は弟さんだったから、少しは気を利かせてくれると思っていましたが、まったく駄目でした。

――先ほども話しましたが、近畿大学をめぐる話はいっぱいあるし、教授の地位を確保するにあたっての裏話も聞いています。

内藤 私も十年おつき合いしましたから、いろんなことを見たりしているわ。名前は挙げないけど、ある教授は学者としては優秀でもお金と権力に関してはまったく別で、恩義があって給料もたくさん出してくれる世耕さんにすり寄り、懐きたいという態度があからさまだった。だから世耕さんは事務所のトイレに入って居留守を使ったり、飲み屋でも会わないようなところにいっていた。その教授もそれを薄々わかっていて、うっ屈しているので酔っ払うと手がつけられない状態になるの。

近大に行った作家といえば、私は柄谷さんとは親しくなかったけど、中上健次とはタイガースファンだということで仲がよかった。慶応病院に入院中の中上さんを見舞いにいったことがあったわ。あの元気だった中上さんがこんなふうになるのかというくらい恐ろしいほどにやせてしまっていたことを思い出します。

―― 中上が死んだのは確か九二年でした。

内藤 じゃあ、もう二十年前になるのね。世耕さんが亡くなったのはそれから六年後の九八年で、その葬儀で奥様から、内藤さん、いろいろとお世話になりましたといわれた。それで世耕さんの詩集をつくってほしいと頼まれた。世耕さんは詩人でもあり、生前に一度詩集を出しているけれど、もう一冊編む準備をしていたらしいんです。奥様も私が近畿大学を干されたことをご存知だったのか、それを内藤さんにお願いしたいということでした。もちろんそれでもう一年持つわけではないけれど、ご好意は感じました。

―― ではそのあたりで、『放射線医学大系』「思想の海へ」、近畿大学の仕事と、十数年続いてきたどちらかといえば大きな仕事はなくなってしまったのですね。

内藤 そういうことです。むろん近畿大学の仕事をやっていた時から続いていたのですけど、小沢書店、草思社、福武書店、日経出版の仕事など細々した仕事ばかりになりましたね。

――これまた小沢書店と草思社は倒産してしまい、福武書店はベネッセとなり、もはや出版社というよりも元々の教育産業の色彩が強い。

内藤　小沢書店は最後まで仕事をしていたから、駄目になっていくのもよくわかりました。

――どんな仕事をされていたんですか。

内藤　小沢書店の長谷川さんと飲み屋で会った時、よろしかったら校正をお手伝いしましょうかといったんです。安いですが、やってくれますかという返事だったから、私ははじめは近畿大学の仕事のストレス解消のつもりだったので、いいですよと引き受けた。ところが初稿は見ているけどというゲラから始めたら、かなりひどいの。渚君が見たら怒ってしまうほどで、ぼろぼろで信じられないほどだった。私はそんなに校正が得意というわけではなのに、私にもそれだけ見つかるくらいのお粗末な有様だった。それ以来、Nアトリエでかなり長い間引き受けていた。

でも最後の頃になると、そのわずかばかりの校正費もだんだん支払われなくなり、止まってしまったなと思っているうちに、小沢書店がつぶれちゃった。

――その後小沢書店の長谷川さんはいま大阪芸術大学に入り、教授になっている。

草思社のほうも倒産後に創業者の加瀬昌男が亡くなった。世耕、中上、加瀬の死と続けてふれてきましたが、『血と薔薇』に寄った主要な人たちも多くが亡くなり、種村季弘も塚本邦雄も鬼籍に入ってしまい、先頃も加藤郁乎の死が新聞に載っていた。残っているのは内藤さんと松山俊太郎だけになってしまったんじゃないですか。

55　松山俊太郎のこと

内藤　もちろんまだご存命の方はいらっしゃるけれど、でも私は松山さんのことが心配なのよ。誰か訪ねてくれるといいのだけれど。数年前までは私も時々電話してお会いするようにしていたの。ところが家のこともあって引越してしまったので、おいそれと会えなくなってしまった。

――　松山さんはおいくつですか。

内藤　この間、あの『アレキサンドリア、わが旅』を書いた兄の幸雄が亡くなったので、松山さんにそのことを電話で知らせた。松山さんは昭和五年生まれで兄と同年だから、八十二のはずです。確か八月生まれだった。だから満八十二になっているんじゃないでしょうかね。

―― その歳で一人暮らしなんですか。

内藤 そうなのよ。やっと結婚したかと思ったのに、もうずっと前に奥さんが癌で亡くなってしまった。

最後にうかがったのは六年ぐらい前だったかな。松山さんが外で飲むと金がかかるから家で飲もうというので、私はお土産にウィスキーと食べ物を持って訪ねていった。そうしたら松山さんがバスの停留所まで迎えにきて、ビールを買ってくださり、お家にうかがった。

有名な話ですが、まず足の踏み場がないのね。私も掃除が得意な人間じゃないけれど、本当に頭が痛くなるほど物が散らかっているというか、山をなしているというか。

―― 家の中が所謂ゴミ屋敷みたいになっているわけですか。

内藤 そうね、とにかく埃が舞っているとか、そういったことではないのだけれど、物を片づけないから、何でもかんでも物を踏んで歩かなければならない。松山さんの話ではお父さんの代からの庭師とかが見かねて、二週間に一度きて掃除をしてくれるとのことでした。

そんなわけで台所しかいるところがないのですが、毎日その人が掃除してくれているわけではないので、流しとかトイレとか毎日使うものはもう汚れ放題になっている。松山さんは外で会う時にいつも清潔な格好をしておられるけど、家の中は頭が痛くなるほどでした。手がご不自由だから仕方がないでしょうけれど。

――それは無理もありませんよ。私もその歳で一人暮らしになれば、同じような状態になってしまうかもしれない。

川口さんが『彷書月刊』の終刊記念パーティであった時には元気だったと聞きましたが、あれは二〇一〇年だったから、内藤さんが訪ねた頃より後ですね。

内藤　兄の死を伝えるために電話した時、私が東京に出てきたら会いたいといって下さったんですが、松山さんの家に伺うのは時間的に無理ですし、私もお金がないので外でご馳走するのは難しい。

私がまだ東京にいて、タクシーを自在に使えればいいのだけれど、今はバスに乗ってということになるから気軽に動けないし、松山さんの家もちょっと不便なところですし、それでずっと会えないでいます。

56 松山と蔵書

——あの有名な蔵書はどうなったんですか。

内藤 蔵書はだいぶお売りになったのではありませんか。女子美の教授をしていた時は給料が入ってきていたけれど、それも定年退職してかなり経っている。

その後身延山の身延大学といったかしら、そこでお坊さんの卵たちに月に一度、インド仏教とか法華経の話をしていると伺っています。そこで松山さんは尊敬されていたらしいですが、十分な生活費が稼げるわけではないので、倉庫に預けてある膨大な本を身延大学に売ったと聞きました。全部ではないらしいですが。ところがその入金がどうとかぶつぶついっていらした。松山さんに全部渡してしまうと使ってしまうので、毎月いくらかずつ渡しているのかもしれませんし、それを松山さんは生活費に当てているのかもしれない。

ただ死んだ兄も蔵書家で、こちらにくる時に福岡の古本屋に売ったが、一万冊以上あったのにいくらでもなかったと聞いていますから、松山さんの場合はどうだったのかな。

——松山さんの場合、インドや仏教系だから文学系のものよりははるかに古書価はいいでしょうが、こんな状況から考えても、かつてのような評価はされないでしょうね。それこそ寺は宗教法人として税制も優遇されているわけだから、一括して松山俊太郎文庫として買収すれば、それだけで功徳を施すことになるのに、そんなことを申し出る寺など無いでしょうけど。

内藤 松山さんは本も手離して淋しいでしょうが、兄の死を伝えると、郁乎も死んじゃったしといわれた。松山さんには加藤郁乎論として力作『球体感覚御開帳』がありましたものね。

―― ああ、あの和本仕立ての一冊で、冥草舎から出されたものですね。

内藤 その前には東大時代の仲間で石堂淑郎さんが亡くなり、同じ友達の阿部良雄、種村季弘に続いてしまった。

―― 阿部良雄で思い出しましたが、彼を『都市』に紹介したのは松山さんだったようで、『血と薔薇』だけでなく、『都市』のブレインでもあった。

内藤 そうなの、だからもうあの頃の話ができるのはそれこそ「団長」の私しかいないと松山さんはいってらした。

―― 今になってみると、『血と薔薇』に連載され、薔薇十字社で予告されていた松山俊太郎訳『シュリンガーラ・ティラカ』が出なかったのが残念です。

57　『インドを語る』と『綺想礼讃』

内藤　でも松山さんと仕事をするのは大変ですからね。私でさえも出帆社でギュスターヴ・ドレの『聖書の情景』を出し、その解説を松山さんにと思ってお付き合いしましたが大変でした。

だから白順社の上原さんが松山さんの『インドを語る』を出したことはよくやったと思います。あの一本を編むために、どれだけ飲み付き合いをしなければならなかったか、上原さんがアル中で入院したと聞いて、さもありなんと思いましたから。

松山さんはしゃべる時はきちんとしゃべります。ただし同じことを何回もいったり、今日は一ページ分ぐらいしゃべったかと思うと、後は軍歌になり、わけがわからなくなったりする。少なくとも昔はそうでした、今はどうか知りませんけれど。白順社の上原さんはきっとまともにテープを回していたはずで、松山さんにお酒を飲ませ、また一緒に飲んだりして、私が話したような進行状態になり、それが延々と続いたんでしょうね。おそらく間違いないでしょう。
それから国書刊行会の『綺想礼讃』は立派な仕事で、すばらしい。あんまり高いので私は買えませんから、図書館で借りて読みましたと松山さんに連絡したら、それでかまわない、僕も本がたくさんあれば贈呈したのにとのことでした。

――あれは大変だったと思います。

内藤　よく出たと感心します。あれ編ましたのは堀切直人さんだと聞いていますが、とても苦労されたんじゃないかしら。
とにかく松山さんは字ひとつとっても、原稿用紙に活字みたいなきれいな字を書く。それでちょっとでも間違うとそれが嫌で、また書き直すので、本当に大変なのよ。

――そういった話を聞くと、『ユリイカ』の総特集「矢川澄子・不滅の少女」に松山、池田香代子、佐藤亜紀の三段組、二十七ページにわたる「生涯をかけて開かせた、傷の花」という座談会があり、立場上もあり、松山さんの発言がかなりの分量を占めている。これも編集者が苦労したんじゃないかな。

内藤　それは編集者ばかりでなく、座談会の相手も大変だったと思いますよ。

58 それでもすてきな出版人生

――でもこれまでずっと話をうかがっていて、内藤さんが松山さんから「団長」と呼ばれていたのがわかるような気がする。内藤さんは「団長」というのは「サーカス団」の「団長」だといったけれど、松山さんの例からわかるように「猛獣のいるサーカス団」の「団長」だと思われていたんじゃないでしょうか。それらの「猛獣」を手なずけ、芸を見せるようにする「団長」だと。そう考えると、『血と薔薇』、薔薇十字社、出帆社に寄った著者や関係者たちはみんなそれなりの「猛獣」のように思われてきます。

内藤 いや、私はそのような「団長」というよりも、みんなと一緒に楽しく仕事をして、そこでみんながいろいろと考え、こういうものを書きたいと提案したり、私のほうもこういうものを書いてほしいといったりして、そうした雰囲気とプロセスがとても好きなので、それをどこまでも維持したいと思って、ぎりぎりまでやって倒産してしまう。

――やはり一種の文化、出版共同体思考ですね。

内藤 ほんとうに困った性格なんです。

――でもそこで堂々めぐりになるのですが、内藤さんのように頭も人柄もよく、企画も人脈もとてもしっかりしているのに、どうして出版社は倒産してしまうのかと考えてしまいます。

内藤　それは私だって不思議なのよ。最初からつぶれるつもりはまったくないのに、いつの間にかつぶれてしまう。それを繰り返しているうちに、借金だらけの上、私もこんな年になり、みなさんも亡くなってしまい、私と松山さんだけが残されてしまったことになりました。

――いや、それでも内藤さんの出版人生はとてもすてきなものだったと思いますよ。もちろん苦しいことが多かったでしょうが、こうしてお話をうかがっていて、一九六〇年から七〇年代にかけての出版シーンの数々が浮かび上がってきました。これを買われる少数の読者もそのことを楽しんでくれるといいのですが。

これで拙きインタビューを終えさせて頂きます。内藤さん、長時間有難うございました。

『澁澤龍彦と薔薇十字社』

薔薇十字社は1969年に内藤三津子が澁澤龍彦らを編集顧問として創業した出版社。新書館で寺山修司らの担当編集者だった内藤は、澁澤を編集長とする『血と薔薇』誌（68～69年）を創刊した天声出版の編集者となり、同誌の編集実務を担当する。天声出版の経営の悪化と方針の変化で澁澤は３号で辞任し、内藤と営業代表の矢牧一宏も退社。内藤は、澁澤、堀内誠一、種村季弘などの協力を得て薔薇十字社をたちあげ、『血と薔薇』誌の企画などを書籍として出版する。田村隆一を編集長とする『都市』誌を刊行する都市出版を創立した矢牧一宏は、72年に薔薇十字社に合流、73年の同社倒産後、内藤・矢牧の両人は一緒に出帆社を創立する。澁澤は、天声出版、薔薇十字社、出帆社のいずれでも主要著者であったし、編集顧問としての役割も十分に果たしていた。文中敬称略。

ちなみに表紙に使用した社名ロゴは堀内誠一作品。

なお、私は、71年９月１日から73年３月31日まで薔薇十字社に勤務した。のべ10人を越す従業員の中で３番目に長い在勤歴である。

りぶる・りべろ　川口 秀彦

※1　初版の日付を確認できなかった。再版は71年6月15日で、3刷もあったと思う。初版は4月かもしれない。【7】【8】の前後関係は要確認のままである。

※2　頁数は182～184だが、メモが不正確なため要確認のままである。

※3　限定部数と定価のメモを紛失。限定20～30部で10～15万だったように記憶している。

※4　これも頁数が要確認のままとなった。大きくは違っていないはずだ。

※5　限定版・特装版・自費出版物を除いて薔薇十字社の出版物はすべて帯付なのだが、これのみ帯のかわりに澁澤さんの文章とマンスールの写真の栞を付けた。

※6　本体にめずらしく装幀者の記載がない。勝川浩司氏かそのグループだったように記憶している。

※7　この2冊本は、れおぽーる書房（代表矢牧一宏）発行、薔薇十字社発売となっている。都市出版での仕掛り品を引き継いだもの。

※8　装幀者についてメモしていなかった。要確認のままとなった。

※9　これのみ現物を見ていない。頁数は推定。出帆社版（同一紙型を流用）の装幀者は勝川浩司氏だが、薔薇十字社版は違っていたと思う。発行年月日は【36】との関連と私の記憶で7月後半から8月初めと思っている。

※10 薔薇十字社が制作した自費出版物。この方面で資金繰りの足しにしようとしたのだろうが、この1点だけとなってしまった。通常は西暦表記の奥付が年号表記となっているのは区別のためか。

【30】天皇の陰謀（後）　ディヴッド・バーガミニ　いいだ・もも訳
B６判並製針金綴函入
590頁　73年3月1日　¥1,500
（※７）

【31】紀ノ上一族　久生十蘭
勝川浩司装　四六判フランス装貼箱入
373頁　73年3月8日　¥1,400

【32】黄金遁走曲　久生十蘭
勝川浩司装　四六判フランス装貼箱入
366頁　73年5月4日　¥1,400

【33】ドラキュラ・ドラキュラ　種村季弘編
四谷シモン装　四六判フランス装カバ
326頁　73年5月21日 ¥1,000

【34】戯論－メディアム加藤郁乎－　鷲巣繁男
（※８）　Ａ５判上製函カバ
限定1,000部
574頁　73年6月8日　¥3,800

【35】妻帯司祭　バルベイ・ドールヴィリ　小島俊明訳
Ａ５判上製貼函入　435頁（※９）

【36】詩集航海　内田愃　跋文 澁澤龍彦
安達東彦装　Ｂ５判上製貼函入
108頁　昭和48年8月1日 ¥1,200
（※10）

【23】充ち足りた死者たち　ジョイス・マンスール　巖谷國士訳
野中ユリ装
Ａ５変形上製本クロス装プラカバ（※５）
200頁　72年8月30日 ¥1,200

【24】孤独な色事師－ジャコモ・カザノヴァー　窪田般彌
（※６）　Ａ５判上製貼函入
273頁　72年9月30日 ¥1,600

【25】楽しみと日々　マルセル・プルースト　窪田般彌訳
堀内誠一装　四六判上製貼函入
412頁　72年11月10日 ¥1,500

【26】腐爛の華　ユイスマンス　田辺貞之介訳
野中ユリ装　Ａ５判上製貼函入
293頁　72年11月20日 ¥1,700

【27】天皇の陰謀（前）　ディヴッド・バーガミニ　いいだ・もも訳
Ｂ６判並製針金綴函入
564頁　72年12月10日 ¥1,500

【28】エトセトラ　加藤郁乎
斉藤和雄装　Ａ５判上製貼函入
242頁　73年1月29日 ¥1,600

【29】マドゥモァゼル・ルウルウ　ジィップ　森茉莉訳
堀内誠一装　四六判フランス装貼箱入
225頁　73年2月15日 ¥900

【15】定本三島由紀夫書誌　特装限定版
表紙革装夫婦函入（※３）

【16】大坪砂男全集Ⅰ　澁澤龍彦・都筑道夫編　澁澤解説
松本杲夫装　Ａ５判上製貼函入
386頁　72年5月16日 ¥2,000

【17】大坪砂男全集Ⅱ　都筑解説（全２冊）
松本杲夫装　Ａ５判上製貼函入
442頁　72年5月26日 ¥2,000

【18】薔薇十字の魔法　種村季弘
堀内誠一装　Ａ５判上製貼函入
286頁　72年6月22日 ¥1,600

【19】アップルパイの午後　尾崎翠作品集　新装版
谷川晃一装　Ｂ６判上製カバ
243頁　72年6月26日 ¥800

【20】マゾヒストたち　ロラン・トポール　澁澤龍彦編
堀内誠一装　Ｂ６判並製針金綴函
118頁　72年8月10日 ¥600

【21】かれ発見せり　加藤郁乎
堀内誠一装　Ａ５判上製貼函入
260頁（※4）72年8月15日 ¥1,800

【22】西脇順三郎対談集　詩・言葉・人間
中西夏之装　四六判フランス装針金綴函入
382頁　72年8月18日 ¥900

【８】ド・ブランヴィリエ侯爵夫人 中田耕治
宇野亜喜良装　Ａ５判上製貼函入
182頁（※２） 71年5月1日　¥1,300

【９】黄金時代　澁澤龍彦
著者自装（構成 勝川浩司）　Ａ５判上製貼函入
250頁　71年7月10日 ¥1,800

【10】ニルヴァギナ　加藤郁乎
堀内誠一装　Ｂ５判上製貼函入
限定999部署名入
92頁　71年8月20日 ¥2,500

【11】ニルヴァギナ 特装版　限定72部
Ｂ５判上製革装杉函入
木箱フタに墨署名入
71年9月1日 ¥25,000

【12】アップルパイの午後　尾崎翠作品集
谷川晃一装　Ｂ６判上製略式函入
243頁　71年11月10日 ¥900

【13】悪魔考　吉田八岑
野中ユリ装　四六判上製貼函入
309頁　72年1月10日 ¥1,500

【14】定本三島由紀夫書誌　島崎博・三島瑶子共編
松本杲夫装　Ａ５判上製背布装貼函入
575頁（内写真版80頁）
72年1月25日　¥5,000

【1】	ポトマック	ジャン・コクトオ　澁澤龍彦訳 堀内誠一装　　Ａ５判上製貼函入 291頁　　69年12月25日 ¥1,600
【2】	男色演劇史	堂本正樹 村上芳正装　　Ａ５判上製貼函入 222頁　　70年4月1日 ¥1,300
【3】	吸血鬼幻想	種村季弘 野中ユリ装　　Ｂ５変型上製貼函入 268頁　　70年7月15日 ¥2,300
【4】	アンドロギュノスの裔《ちすじ》	渡辺温作品集　渡辺東絵 堀内誠一装　　Ａ５判上製貼函入 378頁　　70年9月1日 ¥1,500
【5】	ひとさらい	ジュール・シュペルヴィエル　澁澤龍彦訳 堀内誠一装　　Ａ５判上製貼函入 218頁　　70年10月20日 ¥1,300
【6】	悦楽園園丁辞典	塚本邦雄 横山明装　Ａ５判上製貼函入　本クロス装 153頁　　71年2月5日 ¥1,800
【7】	巴里より愛するママへ	今西博子 渡辺藤一装　　Ｂ６判フランス装カバ 333頁　　71年5月（※1） ¥680

以下は、奥付による発行順に書名を並べ、各項目を、書名、著者、訳者、装幀者、判型、外装、頁数、初版発行日、定価の順に記載したものである。限定版、特装版についてもその都度記載している。副題については、略したものもある。一点を除き、すべて現物にあたって作成したメモをもとに、この一覧を作成したが、メモが不正確なところが多少あり、それらには※を付して最後に列記した。

現物を参看できなかったのは「妻帯司祭」である。古書目録で一度、古書市場で一度、見るには見たが入手できなかった。一部の大型書店に、取次納品の見本分が送られた直後に薔薇十字社は倒産している。当時の勤務先の近くの虎ノ門書房のショーケースに並べられているのを見て、やっと出たんだと思ったその日の午後、倒産のしらせを受けた。夕方の退社時にはもう陳列はされてはいなかった。おそらく返品されたのだろう。見本分だからせいぜい１５０部ぐらいか。そのうち９割ほどは取次が回収して処分したのだと思う。薔薇十字社から納品されていなかった分は、奥付と表紙、函をとりかえて出帆社版に仕立て直して、流通させられたと聞いている。新刊書店でその日に買われたごく少ない部数だけが薔薇十字社版として古書市場に時々出現しているようだ。

薔薇十字社

全刊行書一覧

2008年４月発行　非売品

あとがき

「出版人に聞く」シリーズの十冊目として、内藤三津子さんへのインタビュー集を刊行できて、とてもうれしい。

一九六〇年代後半に内藤さんが企画編集に携わったリトルマガジン『血と薔薇』、続いて設立された薔薇十字社は、いずれも私が十代だった頃に創刊され、また出版が始められていたこともあって、若き日に読んだ記憶が今さらながらに蘇ってくる。

『血と薔薇』や薔薇十字社の本を通じて、未知の扉を開き、多くの事柄を学んだことを思い出す。それは私だけでなく同世代の多くの読者に共通するものではないだろうか。

論創社の森下紀夫氏の支援を受け、この「出版人に聞く」シリーズを立ち上げたわけであるが、記念すべき十冊目に内藤さんを迎えられたのは、このシリーズに何よりの華を添えることになり、寿ぎたいと思う。内藤さん、本当に有難うございました。

このインタビューのコーディネーターをお願いした「りぶる・りべろ」の川口秀彦さんにも深謝します。なお内藤さんからのご指名により、インタビュアーの私が「あとがき」

を記することになりました。

小田光雄

内藤三津子（ないとう・みつこ）
1937年、中国上海市東洋街生まれ。1960年、青山学院大学文学部英米文学科卒業。玄光社・コマーシャルフォト編集部、中山書店生物学大系編集部を経て、1962年、新書館入社。「フォア・レディース」の担当など編集長として四年間在籍。その後「話の特集」を一年間手伝い、1968年、天声出版にて雑誌『血と薔薇』を企画、その三号までの編集に携わる。1969年、薔薇十字社設立。73年倒産。その後出帆社を経て、1982年～2002年、編集プロダクションNアトリエ主宰。

薔薇十字社とその軌跡——出版人に聞く⑩

2013年3月20日　初版第1刷印刷
2013年3月25日　初版第1刷発行

著　者　内藤三津子
発行者　森下紀夫
発行所　論 創 社
東京都千代田区神田神保町 2-23　北井ビル
tel. 03（3264）5254　fax. 03（3264）5232　web. http://www.ronso.co.jp/
振替口座　00160-1-155266
インタビュー・構成／小田光雄　装幀／宗利淳一
印刷・製本／中央精版印刷　組版／フレックスアート
ISBN978-4-8460-1224-3　